Kerstin Spietenburg

DER RUF MEINER SEELE

In Dankbarkeit für mein Leben
und der Liebe zu meinen Eltern

Kerstin Spietenburg

Der Ruf
meiner Seele

Kontakt zur Autorin:
der-ruf-meiner-seele@t-online.de

Bibliografische Information der Deutschen
Nationalbibliothek:
Die Deutsche Nationalbibliothek verzeichnet diese
Publikation in der Deutschen Nationalbibliografie;
detaillierte bibliografische Daten sind im Internet
über http.//dnb.d-nb.de abrufbar

© 2008 Kerstin Spietenburg
Herstellung und Verlag: Books on Demand GmbH, Norderstedt
ISBN 978-3-8370-5863-5
Umschlagbild: Andrea Sander, Münster
Umschlaggestaltung, Satz und Layout: Günter Dittrich, Münster

৪০ ৫৪

Vorwort

৪০ 1 ৫৪

Wo sind die Orte des Friedens geblieben?
Wie sind sie zu finden?

৪০ 2 ৫৪

Wenn aus dem ‚JA'-Wort Selbstaufgabe wird

৪০ 3 ৫৪

Warum Kinder ihren Vater brauchen,
und umgekehrt!

৪০ 4 ৫৪

Was hat es auf sich, vom Tod zu träumen?
Was hat es auf sich, sich Erlösung zu wünschen?

৪০ 5 ৫৪

Wo ist sie hin? Wo ist sie geblieben? Wo ist all die
Zeit der vergangenen Jahre, das Zeitgefühl
geblieben?

৪০ 6 ৫৪

Leben kann selbst nur der, wer sein eigenes inneres
Kind in den Arm nehmen kann!

৪০ 7 ৫৪

Nimm Dir Pausen, Pausen des Lebens und
Pausen im Leben!

৪০ ৫৪

ଊ 8 ଔ

Wie viel seelischen Schmerz
und wie viel Verletzungen und Quälereien
muss der Mensch ertragen?

ଊ 9 ଔ

Sich durchsetzen können setzt voraus sich
durchsetzen zu wollen!

ଊ 10 ଔ

Wie küsst man einen Froschkönig wach?

ଊ 11 ଔ

Wir fragen im Leben so oft nach dem Sinn.
Aber warum nur?

ଊ 12 ଔ

Kennt ihr die Geschichte vom Rosengarten?

ଊ 13 ଔ

Was macht uns zufrieden uns frei?
Was gibt uns Kraft und innere Sicherheit?

ଊ 14 ଔ

Wie regiere ich mein eigenes Königreich,
mein Innenleben? Wie befriedet man selbst seine
so zarte ureigene Seele?

ଊ 15 ଔ

Bist du bereit für Neues, für einen Neuanfang?

ଊ ଔ

Vorwort

Menschen in Schicksalslagen und nach Schicksals-schlägen kann ich ihr Schicksal - ihr Leid, ihren Schmerz und ihre Trauer - nicht abnehmen. Ich darf es auch nicht, denn es ist wichtiger Bestandteil ihres Lebens.

Aber Eines kann, darf und möchte ich: Menschen die sich im „Dunkeln" fühlen oder befinden mit meinem Buch ein Lichtblick sein.

Klein, unscheinbar, aber sehr hell, kraft- und lö-sungsgebend, unterstützend um Lichtblicke wieder erkennen zu können. Begleitend mit zu erleben wie aus Lichtblicken ein strahlender leuchtender Himmel wieder wird, besser, werden kann.

Das was in meinen Kräften liegt vermag ich wei-ter zu geben an all diese Menschen und auch an jene, welche sich glücklich schätzen dürfen das eine oder andere Leid nie erfahren haben zu müssen.

Wo sind die Orte des Friedens geblieben?
Wie sind sie zu finden?

Heute ist Muttertag, eigentlich ein für mich ganz besonderer Tag. Heute, genau an diesem Tage möchte ich dieses, mein neues Buch anfangen zu schreiben. In dem Glauben und in der Hoffnung, dass es mir Glück bringt.

Dieses Buch ist etwas Besonderes, die Weisheit und Liebe der vielen schönen Steine und Muscheln vom Strand schützen es und strahlen so viel Frieden und Ruhe aus, welchen auch ich spüren und leben möchte. Diese Kostbarkeiten vom Strand der Träume; oft gelesen, erhofft und gewünscht.

Es wird Zeit alte Wege und Pfade zu verlassen um meinen eigenen Strand der Träume zu finden. Einen Ort, an dem ich mich wohl fühle, welcher mein Zuhause sein wird und wo ich, ich selbst Kreatives erschaffen kann, mich leben und ausleben kann, ohne das Getöse und Getümmel großer Städte umgeben mit den Hüllen und Wirren von Status, Gesetz, Macht und kräftezehrenden Kämpfen. Ein kleines Häuschen am See – am Wasser, rauschende frische Brisen zu spüren, Sonne auftankend umgeben von einem hübschen Zaun für meine Grenzen.

Vor zwei Jahren, als ich mir doch glatt vier Urlaubstage und drei schichtfreie Tage gönnte, fand ich einen solchen Ort - ein wunderschöner befriedeter

Ostseekurort, heilend zugleich. Wunderschöne sonnige Tage in einem wie für mich passend gefertigten Appartement. Nur einer fehlte damals, der Mann, der mich schon damals liebte und es selbst kaum wagte, dieses größte Gefühl in sich, nach außen zu tragen.

Er selbst empfahl mir damals diese Richtung, diesen Ort. Wie gut täte auch ihm dieser Ort. Ich wünschte mir so sehr, ach wären wir doch zusammen dort. Dort an einem Ort, wo Liebe zu spüren ist und Leben nicht beherrscht wird, sondern beflügelt.

Unsere Kinder, die wir jeder in uns tragen, können dort lachen, tanzen, fröhlich sein, von Herzen ganz verrückte Sachen machen, dem glitzernden Meer zusehen, die riesigen Schiffe in der Ferne; ganz klein und doch bewegen sie sich fort, von Ort zu Ort.

Das Wasser an den Füßen, Beinen und am ganzen Körper spüren, leben ohne die Zeit im Nacken zu spüren und ohne Druck: Du musst, du musst, du musst ... dieses und jenes noch machen ..., das und das erfüllen ..., für den und den da sein. Frei von deprimierenden Kontoständen trotz vieler und harter Arbeit in Unternehmen, Konzernen, bei und an mir selbst und das unter den zum Teil härtesten Umständen, die man sich je vorstellen kann.

Zeiten, in denen sich andere fragen, wie steht man so etwas überhaupt durch? Wie nur? Wie überlebt man solch schwierige Zeiten, kann man sie überhaupt leben und Leben nennen? Oh ja, sie brachten mich immer erneut voran, wobei oftmals mir selbst das Wasser bis zum Hals stand. Ständig wiederkehrende bzw. erneute Probleme, da ist es auf Dauer ein Wunder, heute nicht nur zu wissen, existiert zu haben, sondern noch sagen und meinen zu können, gerade das war Leben und ist es, ständigen Herausforderungen immer wieder erneut gewachsen zu sein, den Glauben an sich selbst und an Höheres – Beschützendes nicht verloren zu haben. Eigene Rituale zu schaffen um diesen Glauben aufrechterhalten zu können und mit wahrhabenden Erkenntnissen belegen zu können.

Da fällt mir doch eben dazu ein, mit wie viel Dankbarkeit ich mein Leben ausgestattet habe trotz dieser Umstände. Aber irgendwie merke ich, wie es fehlt, dass Menschen, gerade Männer, dies mir gegenüber doch mal tun könnten und sollten.

Vielleicht so:

Vater: „Danke Töchti, das es Dich gab, in meinem nicht so langen Leben. Obwohl ich nicht immer gut sondern oft auch tyrannisch zu Dir und Deiner Mutter war. Danke, dass Du für mich da warst, obwohl ich Alkoholiker war und wohl auch genau daran starb. Ich umarme Dich von Herzen!"

Erste Ehemann: „Danke, das Du auch für mich da warst, und Dich sehr fürsorglich und oft aufopfernd um unsere Kinder gekümmert hast. Ich war verantwortungslos und bin Alkoholiker und Spieler! Danke, dass es Dich gab in meinem Leben. Ich reiche Dir die Hand, auch wenn ich nicht immer ehrlich zu Dir war und Dir die Schönheit in einem ‚Lügennest' von mir vorspielte, ohne dass Du es erkennen konntest und durch mich durftest!"

Zweiter Ehemann: „Wenn auch alles anders geplant war, als geschehen. Danke, dass ich neben all den stressigen Augenblicken mit den Kindern zum Teil auch durch mich selbst verursacht, ich für eine kurze Zeit wieder spüren durfte, was es heißt eine Familie zu haben, in ihr zu leben und in ihr angenommen und aufgenommen zu werden. Danke, obwohl ich Dir oft keine eigene Wertschätzung zugestanden habe, weil ich glaubte ich wäre der Größte und Bessere von allen. Ich bin ein Workaholic, leide selbst durch meinen Anspruch an Besitz, Macht und verlorener wahrer Liebe! Ich schätze und respektiere Dich, mehr kann ich nicht geben."

FK: „Dankeschön für all die schönen Stunden, Minuten und Sekunden wo Du mich genommen hast, wie ich bin und mich wieder selbst hast lernen und erkennen lassen, wie es sich anfühlt, Liebe im Herzen zu spüren, Sehnsucht haben zu dürfen, Leidenschaft und Liebe ausleben zu können und sich jedes Mal erneut zu freuen Dich zu sehen, zu hören, zu spüren, zu umarmen, zu küssen, Dich lieben zu dürfen. ... Ich liebe Dich und trage Dich in meinem Herzen. Dankeschön, dass Du auch schwere Wege mit mir gemeinsam gehst. Wir haben eine Zukunft!"

Vielleicht ist es nicht nur das Danken, welches ich vermisse, sondern die Bitte um Verzeihung, mir gegenüber. Aber Verzeihen hat immer etwas mit Zugeständnissen sich selbst gegenüber zu tun.

Wer sich selbst nur immer oben sieht und im Mittelpunkt, wie es unter anderem Suchtkranke nun einmal tun, kann ich es nicht erwarten. Sie sehen sich selbst nur im hellsten und schönsten Rampenlicht. Und wir, wir sind teilweise auch noch ihre Zuschauer und applaudieren diesen Lebenskünstlern, wie sie ihr Leben eben meistern, bewundern dies vielleicht sogar und merken gar nicht, dass sie diesen Stellenwert noch durch uns und unseren Applaus bestätigt bekommen. Wir die Menschen um sie herum gehörten mit zum Spiel, zum Schauspiel, ohne es erst überhaupt nur ansatzweise zu merken. Ist es das was man co-abhängig nennt? Ist es dass, wo es schwer ist, selbst zu entkommen, weil es gekoppelt ist mit Angst, mit Fragen: Was ist nun die Realität? Was ist wirklich wahr? Wer bist du eigentlich noch selbst?

Bist du bei dieser Frage angekommen, spürst du schon das Gefühl im Hexenkessel auf heißer Flamme zu sitzen. Mit dem Gedanken, da legt ständig jemand neues Holz unter.

Wenn du das Gefühl hast, selbst nicht mehr zu wissen wer du bist, schweißgebadet aus Alpträumen erwachst und dich fragst, war es Traum oder Leben, dann ist die allerhöchste Zeit gekommen irgendwie, irgendwo Kraft zu tanken, mit dem dir gut ausgestattetem Urglauben an dich selbst und deinem Können und Wissen aus diesem dich selbst Krank machendem, verstrickten System herauszulösen, bzw. herauszukatapultieren. Mit Schöndusselei, ständigem Verständnis, Bereitschaft zur Opfergabe und Auferlegung von Pflichten und Verantwortung angeblich anderen gegenüber ohne Rücksicht und Grenzsetzung, auf dein eigenes so heiliges und wertvolles Leben, klappt das jedoch nicht.

Oft nennt man es Schicksalsschlag, diese Lebenskrise, diese Zeit sich loszulösen wie von auffressenden Reptilien. Frei werden wir nur durch eigene Einsicht und Kraft selbst frei werden zu wollen. Allein bist du aber auch hierbei nicht. Du selbst hast ständig Hilfe gegeben, nun musst du dich selbst einer starken Herausforderung zeigen: Selbst Hilfe anzunehmen, wenn sie dir durch eine dir zu gestreckte Hand gereicht wird. Oder auch wenn nötig darum zu bitten.

Wenn du es aus deinem tiefsten Inneren möchtest, und es dein größter Wunsch ist frei zu werden und dich so zu bewegen wie die Schiffe im Hafen, die über Weltmeere voller Stolz und mit kostbarem Hab und Gut beladen sicher ihr Ziel ansteuern, dann und nur dann schaffst du es. Du schaffst es, dein eigenes Schiff in den dir bestimmten Hafen zu steuern und sicher dort zu ankern. Sieh nur, die Sonne scheint dann in diesem deinen Hafen. Es wird dein dir so sehnsüchtiger innewohnender Hafen sein, der Hafen der Liebe, der Liebe zu dir selbst. Und was du dann hörst und spürst, ist nicht nur der Motor dieses deines Schiffes, nein es ist dein Herz, dein eigenes Herz, welches Glücksgefühle fühlt und verspricht, weil du es befreit hast und letztlich doch zu guter letzt erkanntest, dass es ohne dieses durch Liebe gezeugte Herz im Menschen – ob Mann oder Frau – kein Leben geben kann, jedenfalls nicht für dich. Du hast die Rufe deines Herzens erhört, bist ihm gefolgt und hast den Tag deiner Selbstbefreiung mit der hellen Schiffsglocke, deiner Seele eingeläutet.

Ein jeder kann nun, ob nah oder fern den Ruf deiner Seele erhören. In weiter Ferne lauschen die Delphine dem Klang deiner Seele. Sie spüren es, sie kennen es, das Lied, das Seelenlied. Das Lied welches die Seelen verbindet, wieder verbindet in Liebe und Frieden und wiedervereint.

Die Delphine wissen und kennen ihren Wert, ihren eigenen Wert. Sie wissen mit all ihren so bezaubernden, faszinierenden Fähigkeiten sind sie Hilfe, Glücksbote und Retter der Menschen auf all ihren so verzweigten Wegen. Ihre Anmut, ihr Dasein, ihr so leuchtendes Etwas, so heilig und schön – eben immer da!

Hier und nun darf geschehen, was lang erträumt, erwünscht und sehnsüchtig erwartet wurde – das Leben in Liebe mit dem Erkennen von Beruf und Berufung mit dem Partner an deiner Seite, der diese Melodie deines Liedes kennt, weil auch er dieser Familie entstammt, seiner, eurer Seelenfamilie um nun euren Seelenfrieden zu leben! Höre das Lied, mit den wunderschön schwingenden und zugleich leichten und weichen Tönen ... la, la, lalala, lalala, la, la, lalala, la ...!

Wenn Seelenpartner sich finden, ist es Erlösung für beide Systeme, beide Familien. Alle Kinder gehören dazu und haben ihren Seelenanteil an diesem System. Wenn sich alle gegenüberstehen wissen sie und spüren, wir gehören zusammen, uns gab es als Familie schon einmal, in diesem oder im vergangenen Leben. Und oft, auch unbemerkt, hat ein leuchtendes Sternchen diese Familie gerettet mit seiner Opfergabe - selber nicht unter ihnen im Leben zu sein, aber zu wissen, dass es unendliche Liebe erfährt an dem Platz, wo es ist. Zu wissen, das es sich licbcnde Eltern hat, es, das leuchtende Sternchen in Liebe gezeugt wurde und unter dem Herzen seiner Mutter ‚leben' durfte, bis der Zeitpunkt gekommen war um seine eigene Aufgabe erfüllen zu können – eine Familie zu vereinen, nur durch eigenes Abschied nehmen und gehen und das in einem Augenblick, der für alle nicht vorhersehbar und kontrollierbar war.

Es ist wunderschön zu wissen, dass Sternchen ein Leuchten auf seine Brüder zur Erde hernieder schickt um sie zu erhellen, ihnen auf ihrem eigenen Weg ein liebevoller Begleiter mit einem großen Schwester-/Bruderherz zu sein.

Ob Schwester oder Bruder, ist denn das so wichtig? Wichtig ist, dass das Sternchen einen Platz, einen ehrwürdigen und seinen richtigen Platz dort erhält, dort in seiner Familie. Es ist das jüngste unter den Kindern, den Jungen, es hat seinen Platz und nicht nur einen, irgendeinen Platz.

Wenn aus dem ‚JA'-Wort Selbstaufgabe wird

Warum auch immer, aber dieser Tag, der 15. Tag im Wonnemonat Mai, erinnert mich an den Hochzeitstag meines zweiten Exmannes mit seiner ersten Frau.

Dachte früher eh viel an sie. Wir hatten wohl viele Gemeinsamkeiten, vor allem die, dass wir alles zum Wohle der Familie - Guru-Familie - und fürs Büro taten und unser eigenes Wohl in den Hintergrund getreten haben. Als Dank gab es, als wir nicht mehr so funktionieren und leben wollten, Demütigungen ohne Ende.

Irgendwie tat sie mir damals oft Leid. Dabei wusste ich nicht, bzw. ahnte ich nicht oder wollte es nicht, dass mein ‚Aussterben' aus der Familie dort ebenso verlief - bei mir jedoch ohne familiären Rückhalt. Aber eines machten wir wohl gemeinsam durch - zumindest ich -, eine sehr große seelische Krise, vielleicht mit die Größte meines Lebens und ich hatte so einige schon hinter mir.

Wenn ich so zurück schaue, gab es zu meinem zweiten und letzten Hochzeitstag dieser Ehe ein glorreiches Geschenk: Ein neues supertolles silberfarbenes Alurad. Ich war damals zwar etwas geschockt, denn erstens hatte ich ein gutes, für mich ausreichendes Rad, zweitens wollte ich gar kein

Neues und drittens war es überhaupt für mich bestimmt? Er selbst bekam selbstverständlich, auch ein Neues, gleicher Art als Herrenrad.

Plante er es damals schon so abartig und überaus berechnend, wie alles was mit Geld und Besitz zu tun hatte, denn dem Fahrrad war es durch ihm nicht bestimmt, obwohl geschenkt an mich und das zum Hochzeitstag, nur einige Monate später als er sich von mir und den Kindern trennte, mit uns zu ziehen.

Berechnung ohne Ende? Er hatte ein nagelneues, dafür undefinierbares Damenfahrrad für die Frau, für welche ich damals – nach seinen eigenen Worten – ausgetauscht worden bin. Zudem hatte er, als ihr neuer Partner ebenfalls ein neues schönes Rad. Das gut erhaltene etwas ältere Schmuckstück bekam wohl Junior, ihr Sohn. Ja, so konnte mein Ex-Mann wieder mal alle glücklich machen, so dass er sich mit seinem eiskalten erschlichenen Verhalten mir gegenüber Ruhm und Ehre verschaffen konnte in seinem neuerem Umfeld, seiner nun auserwählten Familie.

Aber was heißt das Wort Familie? Für mich und die Kinder war und ist dies nicht nur ein Wort, dessen wir in der deutschen Sprache mächtig sind. Nein, wir haben es definiert mit Leben, Fürsorge, gegenseitiges Füreinander Dasein. Wir wollten doch nur Ruhe und Frieden im Alltag leben, auch unter den größten Anstrengungen mit zwei Kindern, zwei Jungen in der Pubertät. Einer Zeit der Zerreißprobe für die Eltern bzw. für mich als Mutter, ehemalige Männer - Vater bzw. Stiefvater waren doch gar nicht da. Sie hatten mit sich, ihren Problemen, ihren Suchtproblemen und – Gefährdungen zu tun. Stellten sich lieber selbst ein Bein, berieselten sich mit Alkohol, Spielen oder übertriebenen Arbeitselan, um so noch Mitleid erhaschen zu wollen.

Aber zuvor, um Hochzeitstag feiern zu können ist der Tag der eigentlichen Hochzeit ausschlaggebend. Ein besonderer Tag mit besonderem herausragendem Anlass. Mit der Erfahrung und mit Rückblick auf mein bisheriges Leben kann ich heute mindestens zwei Dinge feststellen: Keine Hochzeit noch einmal auf einem/meinen Geburtstag, wie es beim ersten Mal war. Aber keinen Tag auserwählen, wo das Gefühl ein Anderes, kein so Gutes war. Es sollte für mich der 2., nicht der 9. Juni sein. Aber an dem Termin, für den mein Gefühl voller Stolz stand, waren Trauzeugen seinerseits im Urlaub, zumindest war es so von ihnen geplant.

Wer darf eigentlich den Termin meiner eigenen Hochzeit bestimmen, wenn nicht ich, und das aus tiefster Überzeugung. Aber auch da hab ich mich wieder mal halbwegs friedlich verhalten - wieder mehr aus Rücksicht anderen gegenüber, wie schon so oft in meinem Leben.

Letztendlich war es aber doch ein recht schöner und gelungener Tag bei vollstem Sonnenschein und hochsommerlichen Temperaturen.

Die größte Freude für mich war es wohl, wieder offiziell mit den Kindern und für die Kinder eine neue Familie geschaffen zu haben. Eine Familie, die Halt geben sollte in guten und in schlechten, also nicht so guten Zeiten. Von letzterem war aber nicht soviel zu spüren. In den schwierigsten und vielleicht schwersten Zeiten war ich wieder mit meinen Kindern allein, und sie mit mir.

Zutiefst betrübt durch die spätere Trennung - nach zwei Jahren Ehe - von dem Mann, der doch so auf Hochzeit, Familie und den für ihn - so sollte es scheinen – wichtigen Hochzeitstermin erpicht war, zog mich ein Strudel an die tiefste Stelle meiner Seele - hinab zum Meeresboden meines eigenen Ichs.

Schon während der Trennungszeit, nicht der offiziellen, sondern der für mich früher spürbaren (im nach hinein zu erkennen als sehr stark spürbar) begann die Hölle auf Erden durch den Mann, den ich zutiefst liebte. Leider war meine Liebe zu ihm oft stärker, als die Liebe zu mir selbst.

Was ist Demütigung? Was ist Bodenlosigkeit? Was ist der Absturz von Felsklippen ins tiefe Wasser, versehen mit einem ‚Schups' von ihm als graue versteckte Eminenz?

Was dies alles ist und wie es sich anfühlt, das kann ich gut beantworten. Ich musste es spüren, bekam es zu spüren. Der Schmerz war so tief das er oft tage- oder nächtelang nicht als Schmerz zu spüren war, weil er zu ersticken drohte im Trauma. Das heißt nicht der Schmerz, sondern ich selbst in meiner ganzen Persönlichkeit.

Warum Kinder ihren Vater brauchen,
und umgekehrt!

Das Kleine denkt voller Liebe und Stolz an seinen Vater. Besonders heut zu seinem Ehrentag soll er, gerade er, eine besondere Botschaft von seinem Kind, seinem Sternchen erhalten. Er soll sie erhalten, um ihrer beider Liebe und Zusammengehörigkeit auf Erden weiter zu leben.

Das Sternchen nimmt die schönste Karte des Universums:

Eine Karte mit wunderschönem Engel, eine silberfarbene Rose in der Hand. Beide eingehüllt in hellgrünem Licht. Alle Lichtstrahlen bilden gemeinsam ihr schönstes und edelstes Werk – einen Stern mit einer Botschaft:

„WENN DU BEI NACHT ZUM HIMMEL EMPORSCHAUST, DANN WERDE ICH AUF DEM SCHÖNSTEN DER VIELEN, VIELEN STERNE SITZEN UND ZU DIR HINABWINKEN. ICH WERDE DIR TROST UND LICHT SENDEN, DAMIT DU MICH IN DEINER WELT SEHEN KANNST UND NICHT VERGISST. TRAURIG SOLLST DU ABER NICHT MEHR SEIN, DENN SCHAU NUR: ICH HABE JETZT EINEN EIGENEN STERN!"

Mein lieber Papa!

Heute ist Vatertag und sicherlich danken Dir heute auch meine Brüder. Danken Dir dafür, dass Du für sie stets ein guter Vater warst und bist, sowie ein väterlicher Freund. Wenn Du in der vergangenen Nacht wach in Deinem Bett lagst, wie so manche schlaflose Nacht, dann war ich es, Dein Sternchen, Dein Murkelchen, welches Dir Licht, Hoffnung und Zuversicht in Dein Zimmer schickte. Als Du wieder einschliefst erreichte mein zarter Lichtstrahl Dein Herz und tief im Inneren durfte Ruhe und Frieden in Dir einkehren.
Mein allerliebster Papi, wenn Du traurig bist, bin ich es auch. Wenn Du zweifelst, tu auch ich es. Bitte, ich bitte Dich, lass uns doch lieber fröhlich sein und lachen. Ich höre so gerne Dein Lachen. Es ist als würde ein Froschkönig mit goldglänzender Krone voller Stolz und Liebe umherhüpfen! Und sieh nur, Papa, an seiner Seite ein wunderschönes zauberhaftes Engelchen mit Krone, wie eine Prinzessin. Die perlmutfarbenen Flügel wärmen Dich mit seinem heiligen Schein. Ich liebe Dich von ganzem Herzen.

Dein Murkelchen.

Was hat es auf sich, vom Tod zu
träumen?
Was hat es auf sich, sich Erlösung zu
wünschen?

Wir Menschenkinder haben vieles hier auf Erden lernen und begreifen können. Aber warum spüren wir in äußerst verzweifelten Lebenslagen den Wunsch nach Tod, ohne wirklich sterben zu wollen und zu müssen? Ich glaube, es ist der tiefste innere Wunsch nach Veränderung, der nur ähnlich dem Tode ist. Tod ist das Verlassen der einen Welt, dieser einen Ebene, um etwas hinter sich zu lassen und wo anders, in der Hoffnung Ruhe und Frieden dort zu finden, völlig neu und anders anzufangen.

Steht nicht umsonst auf den Grabsteinen ‚Ruhe' und ‚Frieden'? Jedoch ist das, was wir uns wünschen, nicht immer das, was das Beste für uns ist. Es sind die zu bewältigenden Prüfungen, die Stürme und Anforderungen des Lebens hier in dieser Welt. Haben wir einmal eine Nahtoderfahrung gemacht, und im wahrsten Sinne des Wortes erlebt, wissen und schätzen wir das Hier und Jetzt trotz dem Friedlichen auf der anderen uns doch so fremden Seite, der Welt im Universum.

Als ich nach einer mehrstündigen Operation auf der gynäkologischen Wachstation lag, und selbst zunächst nicht wusste, das ich diese Erfahrung selbst erlebte, den Beginn des Überganges in die andere

Dimension als leicht, beschwingt empfand, spüren und fühlen durfte, verstand ich nicht, warum Arzt und Schwester vor mir standen, aufgeregt, als ob es wahrlich um Leben und Tod ging, mich fast anschrien: „Atmen, atmen!" Und ich wusste wirklich in diesem Augenblick nicht wie das geht. Ich schnappte nach Luft, aber atmen konnte man das nicht nennen. Außerdem war ich sauer und wütend und dachte in meinem Dämmerzustand: ‚Was wollen die überhaupt von mir. Sollen mich in Ruhe lassen'. Ich bewegte mich doch auf die sonnige Wiese mit dem frischen Grün und zart blühenden Blumen und im Hintergrund, in der Ferne, heilige Berge zu sehen. Es fühlte sich alles so leicht und so beschwingt an. Wollte doch dort bleiben.

Im hier und jetzt, wo ich damals lebte, fühlte sich nicht nur alles viel viel schwerer an, sondern war es auch. Ich hatte in meinem damaligen Garten eine wunderschöne hell verlegte Terrasse, meine Rosenbeete mit den schönsten Rosen in allen Farben. Am schönsten war der Weg auf das Grün des Rasens. Um dort hin zu gelangen, gab es einen Rosenbogen mit dunkelroten Rosen – Geschenken meiner beiden Kinder zum Muttertag.

Der Rosenbogen mit Spalier war aus hübschem dunkel gefärbtem Holz wie auch die erhöhten Rosenbeeteinfassungen. Wie alle Rosen erblühten auch die des Bogens in wunderschönster Pracht. Geradezu eine große Wasserschale aus hellen Stein und in der Mitte eine Lotusblüte, ebenfalls aus hellem Stein als plätschernder Springbrunnen. Elfen und kleine Seerosen und Glaskugeln glänzten auf der Wasseroberfläche der großen Schale, die all das Glück, die Liebe und den Segen festhielten.

All das glaubte ich damals verloren zu haben, mit dem Gefühl ein/mein Zuhause verloren zu haben. Was hätte ich gegeben, um diesen Schmerz und Riss in meinem Herzen nie spüren zu müssen. Mein geliebter Brunnen, er konnte nicht mit mir – musste dableiben und bekam später ein neues Zuhause. Oh Gott, welch eine ‚Engelsschande'. Er musste wohl wieder zu meinem Ex-Mann in sein neues Zuhause, für welches sich dieser entschied und dafür alles, aber auch alles hinter sich ließ – vor allem auch das Gute, die schönen Erinnerungen, uns als Frau und Kinder.

Wir waren von nun an Fremde – von einem Tag auf den anderen Tag. Fremde und ausgesetzt wie Tiere in der Wildnis. Die schlechtesten Orte – Wohnorte der Stadt – sollten unser Zuhause werden und sein. Aber mit der wenigen Kraft, die ich noch hatte, kämpfte ich gegen Mauern, und wir ‚durften' eine Wohnung in einem relativ guten Stadtviertel beziehen. Allerdings wieder einmal unter dem Deckmäntelchen und der Anwaltsrobe der Schein- heiligkeit. Schwer und es tat weh, aber es war auch das, was ich kannte, und mir ja überhaupt nicht neu war.

Was kann ein Körper, ja eine Seele doch so alles ertragen. Hört ihr sie weinen und wimmern? Sie ist so erschüttert, so traurig, so kraftlos, so hilflos, dass sie nicht einmal mehr so richtig weinen kann. Sie wimmert ganz leise vor sich hin und wartet auf den Augenblick indem ihr Körper wieder getragen wird und Halt findet. Dann lebt auch wieder ihre Seele auf und lebt in ihrem Körper.

Wo ist sie hin? Wo ist sie geblieben?
Wo ist all die Zeit der vergangenen
Jahre, das Zeitgefühl geblieben?

Zeit – was ist es? Ist es greifbar, spürbar, fühlbar, nachvollziehbar? Egal, was es ist. – Auf jeden Fall ist Zeit, ob als kurz oder lang wahrnehmbar sehr kostbar, denn Zeit ist Lebenszeit. Aber leben wir immer in dieser Zeit? Lebt nicht oft unsere Zeit der Vergangenheit noch in uns? Tragen wir noch unbearbeitete Reste unserer Vergangenheit in uns? Wie können wir diese Reste noch genau dorthin verlegen, wo sie hin gehören – in die Vergangenheit?

Eine verwelkte einst schöne Rosenblüte muss auch zunächst abgeschnitten und getrennt werden vom Stämmchen. Nur so ermöglicht es der Rose, erneute schöne und frische Triebe und Blüten zu zeugen und entstehen zu lassen. Erst zart und klein, kaum in ihrer späteren Pracht erkennbar, wächst die Blüte Stück für Stück bis zum größten wunderbarsten Ende. Die Sonne tut ihr übriges. Sie scheint in ihrem hellsten Licht, wärmt und schützt die zarten Blätter der Rosenblüte und kräftigt somit ihre Farbe und Ausstrahlung. Die frische des Regens bringt der Rose selbst Frische um auf zu blühen, um in der Tiefe ihres Kelches, zunächst versteckt wie der sich entwickelnde Schmetterling aus einem Kokon, ihre

Schönheit, Reinheit und Wahrheit erblühen zu lassen.

Es gibt Tage im Leben, da spüren wir, dass Trauern verbunden mit Abschiednehmen ist. Wir trauern um etwas Vergangenes, Liebgewonnenes. Liebgewordenes ist gegangen, ist vergangen. Es ist nicht mehr zurück zu holen, denn es ist vergangen. So wie die Kindheit, die vergangene Zeit mit Freunden, den Kindern als sie klein waren, Augenblicke in denen die Welt in Ordnung schien, und es doch irgendwo nicht war.

Zeit für die Fürsorge und Liebe zu den Kindern, zu eigenen und fremden Kindern, aber Kindern, die immer ans Herz wachsen, weil Kinder immer einen Platz im Herzen des und der Erwachsenen haben sollten.

Die Kinder brauchen ihren berechtigten Platz unter den ‚Großen'. Sie lachen, weinen auch mal, sie wollen spielen und spielend das Leben erkunden. Müssen lernen echte Gefahren zu erkennen, sich vor diesen abzuschirmen. Denn alles was ihnen nicht gut tut und Gefahr für sie ist, hindert sie am Fröhlichsein und Glücklichsein – hindert sie am Leben. Kinder haben das Recht – wie alle Menschen – das oberste Menschenrecht auf Leben, auf friedliches Leben, Leben in Frieden hier auf Erden. Egal an welchem

Ort, egal welche Staatszugehörigkeit, welche Hautfarbe, welcher Klasse, egal welcher Herkunft, egal welches Konto und welchen Status Mutter, Vater und Vorfahren hatten. Es geht einfach um Leben, was oft nicht einfach zu leben ist.

Leben kann selbst nur der, wer sein
eigenes   inneres Kind in den Arm nehmen
kann!

Wer es sanft, wie eine kostbare Muschel auf Händen trägt und es liebevoll an sein Herz hält um dieser Herzensmelodie, der Melodie der unendlichen Liebe lauschen zu können. Hört, nehmt diese in Liebe getränkte Muschel nun ans Ohr und sie widerspiegelt diese Herzensmelodie in eines der wunderschönsten Meeresrauschen dieser Erde.

Nur erfahrenen Seefahrern gelang es durch harte Arbeit und sehr guter Navigation mit Hilfe oft einfachster Geräte diese Orte der Meere zu bereisen. Es war für sie ja ein einmaliges Erlebnis. Sie wussten schon damals, dass dieser Ort eine tiefere Bestimmung für sie vorsah. Sie die es bis dort hin geschafft hatten haben den höchsten Punkt ihres Lebens erreicht, wo sie jahrelang ja meist und oft sogar ihr ganzes Leben gewartet hatten und darauf hin arbeiteten. Sie fanden ihr eigenes Paradies, ihr Paradies auf Erden.

Ein Paradies was es auch für viele Andere gerade dort nicht wäre, weil diese es vorziehen Alltag, Wochenende, Feiertage alles gleich zu betrachten und dem einen oder anderen in diesen Zeiten nichts Schönes abgewinnen können. Ihnen fehlt angeblich die Bewegung, die Unruhe, die Rast und Hast. Es fehlt ihnen das, was sie jeden Tag für sich Leben nennen ohne zu merken was und wie es ihnen selbst weg rennt und unter den Fingern weg rinnt. Sie können im Paradies, am Strand des Meeres, am Strand ihrer eigenen Träume nicht ankommen. Sie haben Angst, Angst vor der Ruhe und Friedlichkeit, der Harmonie und unendlichen Liebe und der Fürsorge für sich selbst.

Sie haben Angst vor Erholung und Ausruhen, Angst, dass ihr innerer Motor das nicht mit macht. Sie spüren und finden Ängste in allen Variationen, gut gespickt und umhüllt mit Erklärungen warum es anders nicht geht. Geht heraus aus dieser Angst, ein Engel nimmt euch auch hier liebevoll wieder an die Hand. Er begleitet euch, dich und dein inneres Kind und lässt euch wieder spüren, lässt euch euer Leben spüren. Schaut nach vorn.

Der Strand eurer eigenen Träume liegt bereits vor euch. Der Strand nach dem ihr euch immer gemeinsam gesehnt habt und so manche Angst überwunden habt. Geht einfach weiter. Euer Strand liegt vor euch. Neuland liegt vor euch, euer Strand mit weichem weiß goldenen Sand, dem sanft rauschenden Meer, welches zauberhafte Muscheln für euch an Land spült. Von oben schaut auch hier die wärmende und schützende Sonne, welche seit Geburt an euch wärmte und schützte. Schaut nehmt es wahr und spürt es euer Neuland und nun gestaltet es. Gestaltet es für euch, zu eurem Wohl und lasst es euch dort an diesem euren Platz gut gehen und lebt! Leben ja. Aber wie leben an einem Ort nach den man sich immer sehnte und nun angekommen ist, wo vieles - fast alles - so anders, so neu ist. Schon komisch nicht recht zu wissen wie man sich diesen, ja seinen Ort gestalten möchte. Zuvor hat man die tollsten Einfälle und brillantesten Ideen und alles passt wie 1000 Puzzleteile zu einem ganzen großen Puzzle zusammen.

Aber nun im neuen Land, im Neuland, angekommen ist es wie in einem schwerelosen ähnlichen Zustand. Manchmal glaubt man keinen Boden mehr unter den Füßen zu spüren, sich leicht und beschwingt fühlen ohne direkt eine Richtung zu haben. Von überirdischen Kräften wird dann der kleine Kosmonaut zurück gebiemt, bis er merkt wieder hier im Jetzt zu sein, mit all seiner Kraft und Stärke und noch zusätzlich gestärkt von der Kraft und Mächtigkeit des Universums. Manchmal musste dieser kleine Kosmonaut erst durch seine kleinen alltäglichen Übungen spüren lernen, wie es ist auch mal selbst abheben zu dürfen und all das was ihm auf seiner täglichen Reise begegnet und er liebevoll geschenkt bekam in seinem Leben auszuleben. Er spürte die

Freiheit und Beschwingtheit der Vögel in den Lüften, die Leichtigkeit der bunten Schmetterlinge, die kraft und Stärke des Adlers, die Frische des Windes, die Einzigartigkeit des Lebens und Seins des Enzians hoch oben in den Gebirgen. Eine der seltensten Pflanzen dort und zudem sehr sehr kostbar. Hohe Berge und Gipfel nicht nur vor sich zu sehen, sondern erklimmen zu können, denn aus der Vogelperspektive ist alles viel viel leichter zu sehen und anzunehmen und es ist doch real, kein Spuk und keine Zauberei.

Ja es ist das Recht, unser jeder Recht, auch das des kleinen Kosmonauten, jeden Tag zu wissen, den Tag mit Leichtigkeit zu leben. Niemand, gar niemand kann und darf uns dieses Recht nehmen und wir, wir brauchen nicht länger darum kämpfen, denn nun, da wir erkannt haben das es uns zusteht, dieses unseres Recht, strahlen wir noch mehr Ruhe, Stärke und Gelassenheit aus. Auch geben wir unsere Signale an unsere Außenwelt ab mit den Worten: „Halt! Stopp, mit uns nicht mehr. Der Sklaverei ein Ende." Wir lassen uns nicht mehr fremd bestimmen und vereinen uns. Jeder möge seine eigene Verantwortung tragen.

Die Verantwortung in seinem eigenen Leben und zugleich die Verpflichtung, die oberste Verpflichtung sich selbst gegenüber treu, ehrlich und aufrichtig zu sein.

Das mit einem täglich wohlwollenden morgendlichen Blick in den Spiegel, mit dem: Hallo hier bin ich. Ja schaut her, mich gibt es und merkt es euch alle, wie auch ich: Ich bin ich! Und ich darf so sein wie ich bin. Ich schade niemandem. Nur wenn ich nicht so bin wie ich bin und mich so annehme wie ich bin, schade ich einem Menschen mit viel viel Herz und Verstand am meisten - und das bin ich selbst.

Es gibt Dinge die dürfen nicht geschehen unter anderem das: Fehlende Selbstachtung und Selbstbestimmung!

Nimm Dir Pausen, Pausen des Lebens und Pausen im Leben!

Dein Körper benötigt sie um auszuruhen, um zu entspannen, um sich zu regenerieren. Zu erholen vom Alltag, von Stress, Hektik und Unruhe der dich umgebenden Menschen. Schalte ab. Gönn dir Gutes. Ein schönes, heißes duftendes Bad an kalten Tagen, ein Glas Wein bei Kerzenschein, Lichterglanz in deinen Augen, ein Lächeln an Fremde, den Duft der Bäume und Blüten spüren, die ziehenden Wolken am Himmel beobachten und sie fragen wohin sie ziehen.

Sind es Orte die du kennst, an denen du schon einmal in deinem Leben warst? An Orten wo du schon einst Entspannung spürtest und du deine vielleicht damals noch so kleine zarte Seele baumeln lassen konntest, so wie ein kleines Kind, welches noch keine Buchstaben kennt um zu kommunizieren. Welches noch nicht krabbeln, sitzen, laufen und stehen kann um sich fort zu bewegen. Ein kleines Kind, erst einige Tage und Wochen alt, das im Kinderwagen liegt, geschützt und eingehüllt von der Wagen-,Kabine' und Bettzeug mit lustigen Kindermotiven. Dieses Kind spürt Wärme, Wohligkeit und Vertrauen ohne zu wissen, wer dieser oder jener Fremde ist, welcher ihn so bestaunt und vielleicht fragend ansieht mit den Worten: „Was dieser kleine Fratz wohl denkt, ja denkt!"

Aber fragen auch diese Menschen, was dieser kleine Fratz, welcher mal quicklebendig auf einem Spielplatz mit anderen Kindern spielen möchte und einige von diesen Freunde nennt, im Herzen, in der Tiefe seines innersten Wesens fühlt, wie es ihm geht? Dieser Große, der in den Wagen schaut ist es der, der dem Kind Gutes tut oder ist er Gefahr?

Gefahr gilt es im Leben spüren zu lernen, zu lernen mit ihr umzugehen, zu lernen Muster zu finden um sich nicht ständig erneut in Gefahren auszusetzen und Hilflosigkeit in Gefahren zu spüren.

Frühzeitig erkennen zu lernen, welcher Mensch, welcher Ort, welche Situation ist für mich, für mein persönliches Wohlergehen gut und was ist gefährlich. Wenn dies erkannt wird, ist eine sehr lebensbejahende und förderliche Einstellung zum eigenen, so kostbaren, Leben entstanden, sie hat sich entwickelt.

Vielleicht brauchte diese Einsicht, diese Erkenntnis, sogar viele Lebensjahre, da schon zum Zeitpunkt unserer Zeugung - und seelisch davor - Erbgut ‚verteilt' wurde, Ahnengut, ob wirklich gut sei dahin gestellt.

Oft auch eine Aufgabe sie zu lösen für das System, das ganze Familien- und Ahnensystem. Freiheit ist oft erst nach Kampf, jahrelangem inneren und äußeren Kämpfen, zu verzeichnen.

Warum auch immer, wer auch immer dieses Zeitmaß einst festlegte. Aber es hat eben alles eine Zeit, seine Zeit. Zeit so kostbar, unendlich, teilweise nicht definierbar.

Wie viel seelischen Schmerz und wie viel Verletzungen und Quälereien muss der Mensch ertragen?

Ertragen und spüren bis er an seine eigene äußerste Grenze kommt, bevor er in der Lage ist, einen Ausweg im wahrsten Sinne des Wortes zu finden. Ein ‚Aus' für diesen ‚Weg' und ein Raus aus dem gefangen haltenden Labyrinth. Labyrinth des Todes, des Wahnsinns, des Starrsinns. Labyrinth, entstanden mit der Abkehr vom Leben, von der eigenen Liebe. Abgekehrt und sich selbst abgelehnt, in einer Zeit grausamen Schmerzes.

Vergessen, dass die Sonne am Himmel scheint, vergessen, dass die Blumen auch für dich blühen, vergessen die Flugzeuge, wie sie zum Sonnenlicht empor steigen. Vergessen, für das eigene Leben zu atmen, vergessen, dass das eigene Herz geliebt werden will um nicht auszusetzen mit den Tücken der Zeit.

Zeit ist doch immer da. Also lass auch immer diese Zeit in dein Herz ein und mit ihr die Liebe. Sie ist es, welche ein Herz vor Freude hüpfen lässt. Sie ist es, welche Schmerz zu heilen bereit ist. Sie, die Liebe ist Balsam für unsere einst zerbrochene, gekränkte oder gedemütigte Seele. Die Liebe heilt das Herz - das Zuhause unserer Seele. Wenn Liebende mit ihrem Herzen sich gegenüber stehen, sich in die Augen schauen und die Farben ihrer Augen funkeln und zu einander dadurch sprechen. Wenn die Lippen Worte der Liebe, Zuneigung und Zärtlichkeit aussprechen. Wenn die Hände sich gegenseitig umfassen und Kraft und Stärke spüren dann ist es Zeit, der Liebe den Raum zu geben um zu leben, erneut aufzublühen und bis zum Sternenhimmel ihre Zugehörigkeit und Zusammengehörigkeit zu bekunden.

Sternenregen und Sternensegen wird diese Liebe dieser beiden Menschen, Mann und Frau, Mutter und Vater schützen und einhüllen und mit der Liebe und Vollkommenheit des Universums versehen.

Liebe heilt alle Wunden und birgt Wunder in sich!

Sich durchsetzen können setzt voraus,
sich durchsetzen zu wollen!

Zu wollen hat immer etwas damit zu tun sich für Etwas, eine Sache, eine Angelegenheit oder sogar sich selbst einzusetzen. Durchsetzen wollen hat immer etwas mit verändern zu tun und dies setzen Einsicht, Erkenntnis und Wollen voraus. Vor allem aber die Bereitschaft dazu selbst etwas zu tun, zu handeln, manchmal auch zu verhandeln und Kompromisse ein zu gehen. Hier darfst du auch dein eigenes Recht, dein eigenes Interesse nicht vergessen. Stelle nicht Eigenes in den Hintergrund das sich Andere auf deine Kosten und dein Wohl nähren. Lass sie selbst ihre Eigenverantwortung tragen. Lasse sie selbst spüren wie es ist auf eigenen Beinen zu stehen, kraftvoll zu stehen und die Erde, den Halt dieser spüren. Wenn der Halt und das Getragen werden auf dem Boden zu spüren ist spürt man das Leben unter sich und in sich.

Leben will gelebt werden. Wenn wir geboren werden und in rasantem Tempo aus dem Mutterleib ‚befördert' werden müssen wir ob wir wollen, können oder wissen sofort atmen. Wenn nicht gibt es einen Klaps. Aber dies hat nichts mit Schlagen und Verletzen zu tun, sondern mit Lebensrettung, wobei das Leben gerade erst einmal angefangen hat und nur Sekunden bisher zählte. Wie dankbar das es da die helfende Hand mit dem Klaps gab, denn nur so konnten wir kleinen neuen Erdenbürger das was danach kam annehmen und wahrnehmen, fühlen und spüren: Die ersten so sachten und zärtlichen Berührungen unserer Mutter, später unseres Vaters, all der lieben Verwandten, Freunde und Bekannte, eben all jenen, die uns mit ihrem Blick in dem Kinderwagen begutachteten. All jenen die es wollten, sicherlich, so nehmen wir mal an, es gut, es gut mit uns meinten ohne zu wissen, ob wir es wirklich wollten und es uns gut tat.

So ist es oft im wahren späteren Leben. Eine Blume, unsere wunderschöne Rose, welche nun auch im zartesten und trotzdem farbenträchtigsten Kleid ihren Glanz erscheinen lässt und jeder sie bewundern und ‚begutachten' kann. Wer der Rose Wasser, kostbares Lebenswasser, Quellwasser noch besser, gibt, dem sei es gedankt. Dem wird sie danken ihr Leben lang und wird sie nie vergessen, wie förderlich und wohltuend dieser so edle Mensch war. Aber was ist mit denen, die der Rose soviel Wasser gaben ohne zu schauen, ob nicht genau das schädlich für sie ist. Soll die Rose ertrinken? Soll sie anfangen ihre Blätter abzuwerfen und mit völlig durchnässtem, faulendem Wurzelwerk ihre Kraft, Blüte, Schönheit und Frische verlieren?

Schaut, es ist so, als wäre ein kleiner fröhlicher Junge mit extra Gummistiefeln bespickt in einer von ihm so herrlich auserkorenen super tollen Pfütze. Ja er darf das Wasser, die damit verbundenen Gefühle spüren. Er tanzt, lacht, singt, springt. Das Wasser der Pfütze zeigt kleine Wellen und Wogen. Der Junge hat Spaß, Riesenspaß. Er spürte so etwas Warmes im Inneren. Sein Herz lebt in ihm mit all seiner Freude. Aber schaut her, wenn die Pfütze zu tief ist und immer mehr und mehr Wasser hinzu geht, gibt er sich zunächst dieser kleinen Gefahr aus ohne zu merken das es eine ist bzw. wie der Pegel steigt. Er steht da, schaut zu, er ist stiller und ruhiger geworden. Das Wasser, welches einst Spaß und Freude brachte läuft nun in seine Gummistiefelchen, so bunt wie sie ausschauen, war er selbst einmal - bunt und lustig in seinem noch so jungen Leben. Der Wasserstand steigt und die voll gelaufenen kleinen Stiefelchen erschweren doch nun dem kleinen Kerlchen seine Standhaftigkeit. Wohin geht nun sein Weg? Auch hier sucht er nun nach seinem Ausweg. Aber jede Bewegung ist erschwert. Die Stiefelchen sind randvoll gefüllt mit Wasser, klarem Wasser, aber davon zuviel.

Aber dort von weitem ruft ihm eine kleine Ente in weiß zu: „Hallo, Du kleiner hübscher Bursche. Hast

Dein herzhaftes Lachen kleiner werden lassen durch die Zeit, welche ins Land zog, Dich einholte und Dir die Stiefel füllte ohne das Du zunächst merktest, wie sie Dich am weiter Gehen hindern? Schau mich an. Ich benötige das Wasser zum Schwimmen, zum Leben. Sei mutig, tapfer und stehe nur kurze Zeit auf einem Bein um beim Anderen das volle Stiefelchen zu leeren. Ich bleibe bei Dir an Deiner Seite, mache Dir Mut und glänze mit meinem weißen hellen Federkleid an Deiner Seite. Super gut. Belohnung für Dich. Nun das andere Stiefelchen mein geheiligtes Kind. Und schau was Du selbst erschaffen hast, Zauber- und Wunderwerk zugleich: Eine große Pfütze in der Du wieder hüpfen und springen kannst. Mich hast Du gleich mit gerettet. Ich habe viel Wasser zum Schwimmen.

Ich danke Dir, mein treuer Freund und Held. Wenn Du magst, zieh nun die Stiefelchen aus, stelle sie an den Rand und spüre das Wasser hautnah an Deinen Füßen, das belebende prickelnde Etwas und spüre trotz allem den Grund, den Boden dieser Pfütze. Ich bin stolz auf Dich. Lass dies nun unsere Pfütze gemeinsam sein. Lass uns sie teilen, denn wir vertragen uns, schätzen, achten und respektieren uns und lieben das Leben, so wie es uns liebt. Und ich, ich liebe Dich, Du kleines süßes schnuckeliges Kerlchen mit dem hoch hüpfenden Herzen, dem Schalk im Nacken und den bunten Stiefelchen im ‚Rucki'. Bleib bei mir. Ich werde Dich treu begleiten."

Als ‚Dankeschön' schenkte der kleine Junge der Ente in Weiß eine Krone für all ihre Liebe, ihre Weisheit und ihr da sein. Sie rettete sein Leben, obwohl er es selbst tat ohne es doch zu merken.

Ja, die Ente in Weiß mit Krone wusste stets, was sie machte und schenkte schon immer all ihre Liebe nur Menschen mit Liebe und zeigte ihnen die Wege des Herzens, der Liebe auf.

Wie küsst man einen Froschkönig wach?

Ganz einfach in aller Hochachtung vor ihn treten, tief in seine funkelnden und doch etwas ängstlichen braunen Kulleraugen sehen, denn in ihnen funkelt auch die Hoffnung, die Hoffnung auf endgültige baldige Erlösung. Bereit den Himmel auf Erden zu leben, zu genießen.

Das Hüpfen des Herzens schon selbst zu spüren schaut man noch zu, aber aufpassen das Erkennen könnte ihm peinlich sein und er verliert seine Hautfarbe. Die Lippen verlieren ihre Kontrolle und gehen hin und her, teilweise noch umhüllt mit einem verschmitzten oder auch erkannten Lächeln. In diesem Augenblick versinkt der Froschkönig in die Tiefe seines eigenen Herzens und in seinen Augen steigen kleine hellrosa Herzchen auf, so hoch das seine Krone anfängt zu wackeln. Oh, oh, jetzt hat es ihn erwischt. Er kann nicht mehr zurück. Er fängt an zu taumeln, bewegt sich unkoordiniert hin und her. Beim Sprechen kommen nur Luftblasen hervor ebenfalls mit kleinen hellrosa Herzchen.

Nun ist es passiert. Der Froschkönig ist im Liebestaumel, in einem rauschähnlichen Zustand. Er merkte gar nicht, wie er sich dort herein manövrierte. War da zuvor ein Steuerrad? Jetzt ist es an der Zeit den Froschkönig zu erlösen, denn er ist der

Froschkönig und soll es auch bleiben und erlöster Froschkönig werden und nicht blinder Passagier. Wie ein Geistesblitz durchschoss es ihm. Was tu ich hier? Was mach ich da? Bin ich denn ich, ach wer bin ich ja? Ja wer ist der einst so heilige Froschkönig? Ein Phantom, ein wilder ‚Irrer', nicht wissen wohin gehörend? Seht nur sein Frack ist ganz zerzaust. Stand er noch einst auf der Margeritenwiese um die Hand seiner Prinzessin, seiner Engelchenprinzessin anzuhalten, steht er nun mit gepackten Koffern in der Hand in Richtung Niemandsland. Einst verjagt, einst vertrieben, sucht er die Heimat, seine Heimat, nun sein Zuhause und fleht: „Ach all ihr guten Geister ihr, wo seid ihr hin? Einst habt ihr mich durchflogen und zerrissen bis ich nun schon nicht mehr wusste wo und wer ich war.

Wo ist er geblieben, mein Weg den ich schon vor mehreren Monaten zu gehen wagte und begann? Ich ging erst halben Herzens aus Angst. Die andere Herzhälfte versteckte ich in meiner Hosentasche. Vor mir lag der Weg hell und schön, mein Weg. Dort war ich sicher, erhielt am Ende des Weges Zuflucht, Liebe, Anerkennung, Wohlwollen und friedliches Dasein. Nun war ich verwirrt durch die Wirren der vergangenen Zeit. Aber seht nur dort in der Ferne schaue ich mit Wehmut und Trauer und tiefer

Liebe im Herzen genau dort hin, zu meinem König-
reich.

Der Weg ist wie der zuvor - klar und hell - und
mein einst verlassenes Schloss ist in der Ferne wie-
der zusehen.

Nun finde ich Kraft zum bleiben, zum Leben,
zum Dasein, dort an diesem Ort für mich. Ein einst
vor mir her flatterndes Engelchen mit zarten beseel-
ten Flügeln zeigte mit einst diesen Ort. Dem Ort
unendlicher Liebe und des geliebt werden und Ortes
um Liebe auch verschenken zu dürfen.

Dieses manchmal vor Aufregung flatterige En-
gelchen betete jeden Abend zum Sternenhimmel
einen besonders hell leuchtenden Stern an, den hells-
ten und schönsten, den je jemand sehen konnte am
Firmament. Es betete um Gnade, Liebe, Dankbarkeit
und um Erlösung des Froschkönigs und Engelchens
zugleich. Denn das Engelchen achtete und schätzte
den, ihren Froschkönig sehr, nahm sich jedoch selbst
oft sehr zurück, nahm Rücksicht und ließ Vorsicht
walten. Aber die Tage an denen das Engelchen un-
endliche Kräfte spürte schwang es den Zauberstab
des Weihnachtsengels, heilig in allen Ehren und
küsste den Froschkönig und das gleich mehrmals.

Das Engelchen glaubte doch das der Froschkönig
das sonst nicht merkte, denn Erlösung muss man

doch merken, oder? Sie konnte doch nicht ahnen, dass der Froschkönig viel viel mehr spürte, vor allem auch für sie, als er zeigte. Ja er war ein Charmeur und Gentleman. Er zeigte nicht alles, nicht alles von sich. Warum nur warum? All das was er hatte und wie er war konnte er doch zeigen oder kam da schon wieder so etwas wie Angst, Schuld, Schuldgefühle oder sich schuldig fühlen?

Aus die Maus. Er ist doch nicht die Angstmaus, die sich schuldig fühlende schleichende Katze oder der sich schon halb tot gestellte Fisch im Wasser. Nein er ist und bleibt der Froschkönig, der Froschkönig mit gold glänzender Krone. Hurra hurra der Weg ist gezeichnet und vorbestimmt. Im Schloss warten schon alle auf seine Ankunft und seine Wiederkehr. Hurra hurra sie alle feiern dann ein Fest, ein Freudenfest, ein freudiges Fest, ein Fest der liebe, der Verbrüderung, der Gemeinsamkeiten.

Ja und wie ihr seht, war es eine lange Geschichte mit dem wach küssen und doch nicht so einfach. Aber seht nun hüpft der Froschkönig wieder leichten Herzens voran, denn sein Schloss ist greifbar nahe und um seinen Hals eine vergoldete Kette bis zu seinem Herzen mit einem sehr schönen, kostbaren und nur von ihm so hoch zu schätzenden Wert: Seinem Schlüssel, dem Schlüssel zum Glück, zum eigenen Glück, zu seinem Schloss in dem er der König ist und wahrer König sein darf.

Er hat die Treppe des Erfolgs dort bestiegen und darf nun krönen, regieren, präsentieren und repräsentieren und ist nun ‚Herrscher' seines Königreiches, seines eigenen Königreiches. Dort haben nur wohlwollende Menschen Zutritt. Die anderen müssen vor dem Schloss bleiben und das dort hinterlegte Buch der Bücher lesen, ja sogar studieren.

Unter dem Klang der Engelsposaunen geschrieben ist in ihm die heilige Wahrheit und Weisheit vom wahren Leben nieder geschrieben und hinterlegt.

Wir fragen im Leben so oft nach dem
Sinn.
Aber warum nur?

Macht es nicht schon Sinn allein da zu sein? Fragte jemand nach dem Sinn als er uns zeugte, fragte sich Mutter und Vater dies? Was empfanden unsere Eltern dabei? War es ein Akt der Schöpfung und Liebe oder gar ein Kraftakt, Vergeltungsakt, Racheakt, eben nur ein Akt, so wie man das kleine ‚e' noch hinten dran hängt. Waren es Akte, Akte der Freude und des Frohsinns oder der Lustlosigkeit und nur des Gefallen wollen wegen? Was war es nur? Wer gibt sich selbst soweit auf nicht mehr er selbst zu sein und nicht mehr Herr der Lage und über seine Gefühle, sein Wollen und Können, sein Nichtwollen und Nichtkönnen zu sein?

Warum begeben wir uns in Schwäche, obwohl wir doch stark sind? Warum nur, warum? Die Stärke, die in dir wohnt, der, der du selbst bist, darfst und musst du ausleben, ausleben in all deinen täglichen Aktivitäten, in deinem Sein. Wenn du einem anderen Menschen, egal ob Mann oder Frau, das Recht einräumst über dich zu bestimmen, dich zu maßregeln, dich zu reglementieren, dann frage dich, warum du es tust. Schau wie viel gutes Potential in dir zu ersticken droht und schau wie viel ‚Gehabe' der Anderen du an dir zulässt. Sieh nur, wie dieser jene Andere dir gegenüber, oder aber auch im Nacken ohne gesehen zu werden und werden zu wollen, hinterhältig, hinterlistig mit Tücke und doch oft mit Charme und netten schönen, wenn auch wenigen und wenig glaubhaften Worten, ein Zepter in der Hand hält und eines im Rücken, hinter seinem Rücken. Hinter seinem eigenen Rücken hält er sein Zepter oder auch Schwert, denn du sollst es nicht sehen. Aber auch das was man nicht sehen kann, kann man erahnen und auch spüren. Das fragt sich doch die ganze Welt, wer hält des Froschkönigs Zepter in der Hand? Wer nahm es ihm oder wer bekam es von ihm in lauer Stunde zu später nachtwandelnder Zeit? Ist es genau das Wasser jede Nacht, wenn er immer um die gleiche Zeit wach wird, bemerkt, das es ihm fehlt. Sein Zepter ist so nah versteckt, aber was ist mit ihm, sieht er es nicht, will er es nicht sehen was um ihn herum passiert und wie er platziert wird? Sieh nur, wie es bei Schneewittchen war, immer auf der Suche nach dem Glück, weg von der bösen Stiefmutter und um ihr herum die sieben Zwerge alle lieb, herzlich, und froh anzusehen, ein jeder mochte Schneewittchen auf seine eigene Art. Aber erst als sie nicht mehr lebte, tot war, weil sie diesen giftigen Apfel aß, wovon niemand es glaubte, dass ein Mensch je so böse sein konnte, wie die Stiefmutter die ihr mit List und Tücke verkleidet und mit lieben Worten und angeblich zum gerechten

Teilen bereit war noch zu sah wie Schneewittchen die vergiftete Apfelhälfte aß. Wer die Stiefmutter kannte, wusste wie sie war. Aber alle hatten auch Angst vor ihr, vor ihrer Macht, obwohl ihr Herz wütend auf sich selbst war, weil sie nicht wusste was Liebe ist, sie selbst aber nicht bereit dafür war. Sie war selbst nicht bereit, aber verlangte von den anderen. Wie soll das gehen? Auf Dauer überhaupt nicht.

Die Zwerge trugen Schneewittchen zu Grabe. Sie schlummerte nur, war nicht wirklich tot. Eines der Zwerge stolperte und das was als Unglück aussah, dass der Sarg mit Schneewittchen zu Boden fiel, ja genau das brachte Erlösung und wahre Liebe. Durch den Sturz von Schneewittchen löste sich das vergiftete Apfelstückchen, sie wachte auf, sie selbst war erlöst und ohne es zu wissen, stand vorher der Prinz, ihr späteren Mann und Ehemann vor ihr. Er traf die Zwerge bei seinem Ausritt zu weißem Pferde ohne ein bestimmtes Ziel. Er genoss das Ausreiten, den Wald, die Bäume, er lebte mit ihnen. Er selbst war so natürlich wie die Natur selbst es ihm täglich vorzeigte, wie der kleine Junge mit dem Stiefelchen, welcher tag für Tag mit seinem Rad fuhr und so die Welt erkundete. Er düste durch die Landschaft, ließ sich den Wind um die Nase blasen, die Sonne ins Gesicht scheinen für sein täglich wunderbares Lächeln, spürte die Sonne im Rücken, welches in ihm Schalk und Schabernack wecken ließ. Er hatte eben Spaß am Leben und wenn es regnete war er nun nicht mehr traurig, wie früher sonst, nein er genoss auch das Rad fahren unter kleinen prickelnden Regentropfen und bei den größeren dachte er einfach um, so wie ihm die weiße weise Ente es ihm einmal in tiefster Traurigkeit und innerer Zerrissenheit lehrte. Denn er wusste das der große Regen etwas ganz Besonderes hat, denn er füllt stets die Pfütze auf an der sie sich einst trafen, der kleine Junge und die Ente in Weiß mit der goldenen Krone, als schönstes Geschenk was sie je in ihrem ganzen Entenleben erhalten hat.

Ja und nun wissen Beide, der kleine Junge und die Ente in Weiß mit Krone - wie auch schon zuvor Schneewittchen und ihr Prinz - da wo Sonne ist darf auch Regen sein, denn auch dort gehört Beides zusammen. Ohne die Kühle des Regens würde alles auf Erden verglühen, auch wenn die Sonne noch so schön und warm ist. Aber bei nur Regen fehlt den Menschen etwas. Genau diese Wärme und Geborgenheit, welches die Sonne hoch am Himmel ausstrahlt. Eines haben Beide gemeinsam, sie sind dem Himmel sehr nah, sogar am nächsten. Und in der Nacht, wenn alles schläft, sind sie es die den Sternen am nächsten sind. Sie sind es die die Liebe, Klarheit und Wahrheit der Sterne erkennen. Sie hören wieder dann das Lied, das Sternenlied, ihr Seelenlied: La la lala la…!

Kennt ihr die Geschichte vom
Rosengarten?

Nein? Sie ist sehr interessant, lesenswert, genau zu lesen, hat und trägt Geheimnisse in sich dieser Rosengarten, als wäre er ein Buch mit rein-weißen unbeschriebenen Seiten. Doch zu lesen, aber nur von dem, der diese Schrift ohne zu sehen lesen kann. Hinter dieser Schrift verbirgt sich altes, längst verdrängtes und zum Tode verurteiltes Wissen. Hexen im Mittelalter durften auch nicht leben, nur weil sie Mut - heute nennt man es Zivilcourage - und Wissen preis gaben was so manchen Leuten und höheren Herren nicht in den Kram, nicht in ihren Kram passte. Sie sagten schon damals die Wahrheit und die Zukunft, warnten die Menschen vor Bösem und gaben ihnen Mut und Hoffnung zugleich für ein gleich- und selbstbestimmtes Leben dieser.

Ja dieser so hübsche neue, neu gestaltete Blumen-, vor allem aber Rosengarten war einst in liebevoller Kleinarbeit und doch erschwerter Umstände entstanden.

Dieser Garten war ein Kleinod für die Liebe, an die Glückseligkeit und erinnerte an Vertrautheit, Vertrautsein, Zusammengehörigkeit, leuchtende lachende Kinderaugen, auch hoffende Kinderaugen zugleich.

Aber als eines der größten Unwetter, ähnlich einem Wirbelsturm durch dieses Land zog, waren die Menschen, die in ihm lebten und liebten und einst in Liebe und Frieden zu einander fanden plötzlich heimatlos, hilflos, traumatisiert. Sie sahen das einst so blühende Land zerstört durch höhere Gewalten, ohne nur irgendwie die Chance gehabt zu haben, friedlich und wohlwollend für alle einzugreifen. Dieser zuvor nichts ahnende Wirbelsturm hatte alles Aufgebaute, mit viel viel Liebe gelebte, plötzlich in sekundenschnelle alles zerstört. Seht nur, wie einst zuvor wimmernde tief traurige Seelen überschatten dieses nun brach liegende Land. Es verwilderte von Jahr zu Jahr, niemand war in der Lage dieses wieder aufzubauen. Die, die es hätte tun können war regungslos, selbst bis in die kleinste Zelle mit Schmerz und Todesanteilen zerstört, ohne all dieses so wirklich wahrzunehmen. Kaum irgendetwas war noch zu spüren, nicht mal dieser tief sitzende Schmerz.

Im Laufe der Jahre entwickelte sich aus diesem Schmerz, diesem Leid, etwas Erkennbares, aber nur in Umrissen zu erkennen. Die Götter würden es wohl Engel nennen. Manchmal kaum zu sehen und wahrzunehmen und trotzdem zu wissen dieser Engel, dieses schützende und liebende Etwas ist da. Irgendwo dort, dort, dort oder dort, aber einfach hier bei mir. War es wirklich etwas neues, eine neue Gestalt oder jenes was schon immer da war, Engel-, Schutzengel, der Engel der einst diesen Blumen- und Rosengarten mit entstehen ließ? Aber wie bekanntlich trägt sich zu zweit vieles einfacher und vor allem leichter. So beschloss ich diesem Engel einen lebenslangen Platz in meinem Herzen und meiner Seele zu geben. Die Heiligen würden sagen: „Du erhältst einen besonderen Platz in meinem Herzen, Du bist das Licht, die Liebe zu Dir, ist die Kathedrale in meinem Herzen!"

Und so, aus dieser tiefen Liebe heraus, verzog die Traurigkeit über den einst so bestaunenswerten und schönen Rosengarten, denn schaut zurück: Unland, Brachland, verwildert dort zum Tode verurteilte Rosen, dort gab es keine Rettung mehr, die Gefahr dort war zu groß, es bestand dort Lebensgefahr für alle, groß und klein, wichtig und nicht so wichtig.

Letztlich kam dieser Wirbelsturm auf die Erde um zu zerstören, um zu zerstören was nicht mehr tragbar war und ist und um Altes, Vergangenes, nicht zeitgemäßes hinter sich zu lassen. Neues kann und darf nur entstehen, wenn das Alte hinter sich gelassen wird und abgeschlossen wird.

Dreh dich um und schau her, vor dir liegt Neuland, die Saat die du einst selbst sätest geht nun langsam auf. Junge, kleine Pflänzchen kräftigen ihre Wurzeln, ihr gesamtes Wurzelwerk. Ein neues, noch junges Land liegt vor dir. Es wird geschützt, gewärmt und beschienen von der Sonne und getränkt vom so lebenswichtigen Regen. Kleine zarte Pflanzen und doch schon so kräftig. Ob ihr es glaubt oder nicht, wahrhaben wollt oder nicht, hier entsteht langsam, mit Vorsicht, Geduld und viel viel Liebe nicht nur ein neuer viel schönerer Blumen- und Rosengarten, nein hier entstand ein Paradies, viel vielseitiger und schöner als zuvor. Sogar die prächtigen Stauden des so geliebten Bauerngartens finden hier akzentvoll ihren liebevollen Platz, Pfingstrosen, Bauernrosen genannt, Phlox, Lupinen alles wieder da. Es ist so, als wenn alle beisammen sind in ihrem Heim und dies auch spüren: Eltern, Kind, Verwandte, Bekannte und auch Freunde! Neues leben beginnt. Nehmt euch eure Zeit, die Zeit zum Leben, für euer Leben, für euch, für euch alle, lebt!

Lebt hier und jetzt, fangt sofort damit an, denn Leben ist Zeit, beides unendlich kostbar.

Was macht uns zufrieden uns frei?
Was gibt uns Kraft und innere
Sicherheit?

S chon ein freundliches ‚Hallo', eine kleine Einladung zu einem Gespräch, vielleicht beim Einkaufen, beim Stadtbummel, Tanken - einfach so; eine liebe SMS, ein herzliches Dankeschön für eine gute Tat - vielleicht auch Selbstverständlichkeit.

All das, was Andere uns entgegen bringen, was wir auch für sie taten. Aber was ist mit uns, mit unserem eigenen Selbst. Machen wir auch den Anfang dazu mit einem freundlichen Hallo an einen Fremden, mit dem was uns selbst gut tut. Schotten wir uns nicht ab von unserem Inneren, von unserem Sein.

Lassen wir dort Liebe und Herzlichkeit walten wo sie hin gehört, in unserem eigenen Herzen. Das wir unser Herz spüren mit allem für und wieder des Alltags. Liebe spüren heißt sich selbst lieben, Grenzen setzen wo es nötig ist und Liebe von Mensch zu Mensch oder auch zu Tier und zur Natur abzugeben. Nichts wird reicher belohnt als die Liebe. Davon haben wir reichlich. Oft ist das Gefühl dieses mit Liebe getränkte Herz, unser Körper und unsere ganze Seele benötigen das Entgegenbringen durch Liebe und Herzlichkeit in Verbindung mit Aufgabe - Selbstaufgabe, wie Handeln für Andere. Wieso nur? Weshalb nur? Warum nur? Mögen uns die Anderen nur, wenn wir für sie handeln und tätig werden, ihnen ihre Last und Verantwortung abnehmen? Was gibt uns das Recht zur Annahme nur dann wären wir liebenswerte Menschen. Wenn sie so wäre würden sich Mann und Frau ja gegenüber selbst belügen und betrügen. Sie entwickeln eine Lebenslüge, die Lüge vom Tragen und Getragen werden und ertragen.

Der kleine Junge, der einst in frühen Jahren, aus welchem Grund auch immer, seinen Vater verlor und traurig neben seinem noch so schönen Spielzeug saß. Er war eben traurig, denn sein Papa, der ‚Große', war doch nicht da. Warum nur, warum nur? Warum ist er weg? Weiß er denn nicht, wie sehr ich ihn vermisse und lieb habe ohne so recht zu wissen wer er ist und wer er war? Da glaubt der kleine Junge doch tatsächlich er sei Schuld, er der kleine Knirps an Mutters Seite. Aber wen soll er fragen, wem soll er das alles sagen, wer hört ihm zu, wer versteht es sogar noch? Ja wer denn nur? Wie einfach wäre es doch, wenn Papa da wäre, wenn er dem Kleinen, seinem Kleinen all die Fragen nach dem warum beantworten würde. „Besser noch", sagte der kleine Junge, „besser noch, er wäre hier, denn ich vermisse ihn: Seine Nähe, seine Liebe, seine Stärke, seinen Mut, seine Tatkräftigkeit - eben all das was ein Vater doch so an sich hat, eben ein echter Mann."

Aber Mama sieht das vielleicht anders als der Kleine. „Ich darf ihr nicht auch noch wehtun", und so fragt er nicht seine Mama, die ihm doch am nächsten steht und die er so liebt, seine Mama. Aber irgendwie ist sie wie der Kleine selbst, traurig, kann nicht reden, weiß oftmals nicht wohin mit sich selbst, welche Richtung soll sie gehen? Sie hat doch Verantwortung, Verantwortung für ihre Kinder. Und eines Tages nahm der kleine Junge die Mama an die Hand und sagte liebevoll ja fast schon erwachsen: „Mama, Du bist nicht allein! Ich bin doch für Dich da, schau her. Schau her, ich bin schon so groß", und er lächelte, denn jetzt ist er der ‚Große' an Mamas Seite und sie ist nicht mehr allein, auch nicht in ihrem Schmerz. Von nun an teilten sie auch dieses Mitgefühl. Da der kleine Junge von nun an aus vollster Kraft seiner Mama half, ihr zur Seite stand und er den ‚großen' doch fehlenden Papa und Mann für Mama ersetzte und spielte. Ja, er war sich gewiss, dass es so sein müsste. Er war doch nun der Mann in der Familie.

Da waren noch die lieben Verwandten die diese Überbelastung des Kleinen nicht nur förderten, sondern von ihm forderten, schließlich sei er ja der

‚Große'. Und so lebten sie tagein, tagaus und mit der Zeit hatte das kunterbunte Spielzeug einen Platz in seinem Schrank gefunden. Früher, ganz früher hatte er Spaß damit und nun durfte es jeder beschauen und begutachten, das schöne, ach so wertvolle Spielzeug. Der Junge übernahm nun andere so wichtige Dinge des Alltags, nahm andere Pflichten wahr und daraus entwickelten sich im Laufe der Jahre immer stärker und größer werdende Verpflichtungen. Aus den Verpflichtungen wurden Selbstverständlichkeiten. Auch Selbstverständlichkeiten stolz darauf zu sein. Dadurch bekam er Aufmerksamkeiten. Jeder schaute was er doch so alles kann und macht. Aber niemand merkte das alles anfing als er doch noch ein kleiner Junge war und das aus dem einst so fröhlichen und spaßigen Leben ein riesiger Rucksack an viel zu früh in jungen Jahren auferlegten Pflichten und Verant-wortungen geworden war. Der Junge wurde größer, älter und stärker, aber auch somit wuchs alles weiter mit und als er eines Tages selbst einmal mit Abstand am Ufer des Flusses einen kleinen Jungen mit riesig beladenen Rucki sah, wurde ihm klar, was der Junge macht, denn die Last ist zu groß und zu schwer.

Wo sind all die Erwachsenen, seine Eltern, wo sind sie hin? Warum unterstützen sie ihn nicht? Warum entlasten sie ihn nicht? Warum tragen sie nicht einen, den ihrigen Teil, dieser Last? Und plötzlich sah er, wie sich ein weiser weißer Vogel, eine Taube, eine Friedenstaube ihm näherte und ihm liebevoll und herzlich ein kurzes Stück seines Weges begleitete. Dann sagte die Taube: „Hey was trägst Du denn da so schwer?" Und der Junge freute sich über seinen kleinen, witzigen, lebendigen und kecken Weggenossen, wunderte sich aber darüber, dass er angesprochen wurde und überhaupt dieser Rucksack zu groß war.

Die Verwunderung wurde immer größer und der Junge wusste, der Rucksack war doch schon immer da, seit wann weiß er gar nicht mehr, er war doch sein liebster und oftmals einigster Weggefährte. Er meinte zur Taube: „Schau her, er gehört zu mir, ist wunderbar schön anzusehen, in rot, wie die Kraft mit festen Gurten und wieso fragst Du mich, Du kleiner Vogel, wer soll ihn denn sonst tragen?" Der kleine Vogel verstummte. Er glaubte seinen Ohren nicht zu trauen. Der kleine Junge übernahm sich mit diesem riesigen Packen, zerrte herum, weil es viel zu schwer war und vernahm noch unendlich viel Stolz, wie viel er doch tragen könne. Wobei der Junge gar nicht bemerkte dass er überhaupt nicht voran kam mit diesem Riesengepäck. Er zuppelte mal hier und mal dort am Rucksack bis er sich doch sage und schreibe einige Zentimeter bewegte. Ziemlich erschöpft setzte er sich dann ans Ufer, war k.o. und außer Puste das doch so kräftige, fleißige, stolze, liebe, herzliche Kerlchen.

Der weiße Vogel beobachtete gelassen und zum Teil auch schon ärgerlich über das kleine sture Etwas, welches kräftezehrend mit seinem Rucksack zu tun hatte und gar nicht mehr merkte, was um ihn herum geschah.

Erst war es Frühling, dann Sommer oh je was war passiert? Erschrocken sah der kleine Junge um sich, wo einst die Blüten an seinem Lieblingszauberbusch waren zeigten sich nun schon rote Beeren als Früchte. ‚Oh je', dachte er nun, wie von einem nächtlichen Gewitter wachgerüttelt, sah er wie um ihn herum alles in schönster Pracht blühte und er das Wachsen dieser Naturereignisse nicht mehr wahrnehmen konnte, ehe er die Schönheiten in der vergangenen Zeit halb lieblos hinter sich ließ. „Oh je, oh je", sagte er, „was ist mit mir passiert? Wer bin ich? Was hat mich die Zeit, meine Lebenszeit vergessen lassen?" Die Taube schwieg und gab ihm Zeit. Sie wusste er musste erst selbst begreifen was geschehen war, was mit ihm selbst geschehen war.

Und plötzlich setzte der Junge sich neben seinem so einst geliebten Rucksack, wurde traurig und trauriger und dort seht nur seine in Tränen getränkten Augen. Er traut sich nicht einmal zu weinen, weil es ihm niemand lehrte. Ob groß, ob klein, in traurigen Momenten braucht niemand seine Tränen zu verstecken. Es ist normal und gut so. So wie es ist. Die Taube setzte sich neben ihm ins Gras und streichelte mit ihren weichen weißen Federn ihm übers Knie. Ganz sanft und zärtlich, eben federleicht. Sie gurrte, gluckste, denn auch sie war schon den Tränen nah.

Der kleine Junge spürte tief in seinem Herzen dieses Mitgefühl und dankte der Taube, aber vor allem dafür das sie da war, ihm Verständnis in großer Not zeigte und auf den Augenblick wartete, den man Erkenntnis- Selbsterkenntnis nennt. Nun war der kleine Junge viel stärker in seinem Herzen und somit in seiner ganzen Kraft und er sah nun am Ufer ein Boot, ein schönes aber altes Holzboot. Da meinte die weiße Taube: „Sieh nur dort ein Boot!" Und der Junge schaute gespannt auf das Boot, welches einen langen alten Namen trug mit einem in alter Schrift gesetzten Anfangsbuchstaben *A*. Der Junge glaubte nicht lesen zu können, denn er begriff zunächst den Namen nicht. Er stutzte hin und her, was steckt hinter diesem Wort ‚*ALTLASTEN'*? Die Taube wiederholte mehrfach mit dem Jungen zusammen dieses Wort, erst mehrfach gesprochen, immer wieder und wieder und dann kam das Besondere an der Übung wozu die Taube den Jungen aufforderte mit der Liebe und Fürsorge seines Herzens dieses Wort zu spüren. Er sollte es mit dem Herzen lesen! Geht denn das? Ja, es geht und wer dies versucht tut es immer wieder und wieder. Der Junge folgte dem weisen Rat des Friedensvogels, denn er muss es ja wissen.

Aber plötzlich was war da? Was meldete sich da? Die Freude und der Spaß, oh ja so wie einst beim Spielen mit dem Lieblingsspielzeug. Oh welch ein wieder gefundenes und doch nicht neues Gefühl. Der Junge konnte spüren, Glück und Freude spüren und er war so glücklich, etwas Wertvolles verloren Geglaubtes wieder entdeckt und wieder gefunden zu haben.

Auf einmal bollerte und krachte es. Was war denn das? Es war die Schwere, der Rucksack er fühlte sich vernachlässigt und wollte Beachtung und Aufmerksamkeit finden. Er tat alles Mögliche dafür, rutschte ein Stück vom Rasen herunter, kippte um, tat als ob er auskippen würde. Ja der Rucksack war verzweifelt, was früher super, einfach und gut funktionierte brauchte jetzt höchste Anstrengung und Konzentration. Keine Gelegenheit wurde ausgelassen. Der Rucksack blieb aktiv und versuchte es immer wieder und wieder, aber auch seine Kräfte nahmen ab, er wurde schwächer und schwächer, war gemocht weil er da war, aber fand nicht mehr die Beachtung die er früher einmal für selbstverständlich hielt und auch in so mancher Gunst und Stunde wahrlich, wenn auch oft still und heimlich genoss.

Als der kleine Junge nur durch dieses Gucken zum Rucksack traurig wurde, und er viel erfahren hatte und nun wahrlich genug gelitten hatte, fasste sich die Taube ans Herz und trällerte ihr schönstes und bestes Liebeslied. Oh dem Jungen wurde das Herz wärmer und wärmer und die Taube sagte: „Schau nur dieses Boot erleichtert Dir Dein Leben. Es trägt Deinen schweren Rucksack mit Leichtigkeit. Schau nur wie dort hoch oben die Schmetterlinge fliegen, sie hatten auch zuvor etwas Anderes erlebt, als sie dann mit der Zeit Reife spürten und aus ihrem so unscheinbaren, fast hässlich anzuschauenden Kokon zu wunderschönsten Exemplaren als Schmetterling heran wuchsen. Seht nur welche Leichtigkeit und wie farbenfroh sie aussehen." Da sagte der Junge: „Hallo Taube, ich hab da noch was. Ich möchte dies im Herzen spüren, die Leichtigkeit der Schmetterlinge." Denn diese Übung kannte er schon und sie brachte ihm schon einmal Frieden und Glücksgefühl im Herzen. Und der Junge genoss es aus vollsten Zügen. Und so verging einige Zeit bis die Taube sagte: „Junger Mann, es ist soweit, die Zeit ist gekommen zum Abschied nehmen. All die Last die Du einst getragen hast und die Dich begleiteten bei Tag und bei Nacht. All das was ein Großteil Deines Lebens ausmachte all das möchte sich nun auch in Herzlichkeit und Dankbarkeit von Dir verabschieden."

Der Rucksack mit seinem Inhalt weiß er muss und kann sich nur noch selbst retten, in dem er anschaut wer er ist und warum er so ist wie er ist. Seine Anstrengungen fürs unbedingte geliebt werden und all seine verletzten Gefühle muss er nun selbst zu Grabe tragen, zum Boot. Dort darf er treiben mit der Leichtigkeit, Frische und Lebendigkeit des Wassers getragen von seinem Boot, dem Boot der Altlasten.

Als der Junge so sah wie der Rucksack das Boot betrat überkam ihm schon etwas Wehmut und Trauer. Schließlich verbrachten sie Jahre ihres Lebens, ihres gemeinsamen Lebens. Als das Boot ablegte auch hier die Tränen, dieses Mal des Abschieds, des endgültigen Abschieds. Er winkte dem Boot zu, wünschte ihm eine eigene gute Heimfahrt und er solle nun seinen Hafen, seinen Heimathafen finden.

Der Rucksack suchte seinen Platz auf dem Boot, ging in sich, zog sich in sich hinein, schaute noch einmal zurück zum noch winkenden traurigen und doch fröhlichen, weil sich erleichternd fühlenden jungen Mann und nun rann auch dem Rucksack eine Träne mitten ins Herz. Die Träne des Abschieds, des gehen müssen, des nicht bleiben können, aber auch mit der Erleichterung im Herzen Erlösung nun spüren zu dürfen.

Es dunkelte bereits. Der nun schon reife und ältere Mann sah dem Boot noch hinterher. Zu sehen war nur noch ein Licht, das Laternenlicht zur letzten heiligen Fahrt.

Er selbst war erschöpft und legte sich nieder. Die Taube deckte ihn vorsichtig zu mit einer weißen kostbaren Decke und hellrosa und roten Rosenblüten. Dann sang sie wieder ihr Lied und der Mann schlief und schlief. Als er am nächsten Morgen aufwachte, war das Boot schon nicht mehr zu sehen. Es war nur noch zu ahnen, welchen Weg es fuhr, den Weg zum Ziel.

Auf der Wiese am Ufer war nun extra für den sich tapfer ‚geschlagenen' kleinen Jungen, jungen Mann und reiferen älteren Mann ein nahrhaftes Picknick hergerichtet, zur Stärkung und zum Genuss.

Wie weiter, wusste er hier noch nicht, aber er wusste, spürte und fühlte: Alles wird gut, denn mir geht's gut, ich fühle mich gut und ich bin gut! Ich bin gut so, wie ich jetzt bin. Ich darf so sein wie ich bin, frei, fröhlich ohne Schuld und Schuldgefühle, ohne Schuld meine Schwere kaum noch zu tragende und ertragende Last abgegeben zu haben.

Ich darf ich sein, ich darf lieben, ich darf leben, ich darf gemeinsam das Zauberlied - das Liebeslied mit der wohl wunderschönsten weißen Taube, welche ich je gesehen habe, singen.

Niemand war mir je so nah und so lieb wie diese, meine Taube, meine Friedenstaube.

14

Wie regiere ich mein eigenes Königreich,
mein Innenleben?

Wie befriedet man selbst seine so zarte
ureigene Seele?

J a, wie nur?

Früher war es als lag ein Scherbenhaufen auf dem schönsten roten, großen quadratischen Teppich im kalten so dunkleren Zimmer. Kein Tageslicht nicht mal nur der Gedanke daran, dass draußen hinter den Mauern und dem mit Rollo verschlossenen Fenster die Sonne strahlend scheint, in all ihrer schönsten Pracht.

Ein kleines Mädchen stand vor dem Scherbenhaufen, traurig und ratlos. Sie ahnte nichts von der Helligkeit und dem Licht, der Wärme und dem Leben da draußen. Sie stand, wie angewurzelt und starrte nur ständig auf diesen Scherbenhaufen. Niemand hätte jemals diese wieder zu einem schönen Etwas aus Glas machen können, niemand. Die Scherben und die Splitter waren zu klein und der Haufen war zu groß. Sie waren überflüssig, hinderten sie am Leben, ließen sie nur noch erstarren, weit weg und doch so nah. Wäre nicht ihr Helfer und Retter gekommen würde sie, wie im Märchen bei Dornröschen noch 100 Jahre schlafen.

Da kam der selbstbewusste mit Sporen gestiefelte Kater daher und sagte: „Hey, was tust du da? Bist du nur zum Träumen geboren, in deiner Traumwelt die dich festhält, abgenabelt vom Leben der Zeit? Stehst vor einem Zerwürfnis, was du nicht ändern kannst. Schau nur, klare Scherben, aber eben Scherben. Wie lange soll das noch so weiter gehen? Was erntest du mit deiner Starre, deiner inneren Haltung? Mitleid, wahrgenommen in deiner Scheinwelt? Wer soll das aushalten? Sieh dich um du bist allein. Niemand ist da, denn es wäre nicht zu ertragen, neben dir zu stehen, zu sein ohne nicht selbst irgendwann zu erstarren. Du lässt keinen an dich ran, verharrst felsenfest auf deinen Scherbenhaufen, brauchst kaum essen noch trinken, denn du hast ja deinen dir wehtuenden und doch geliebten Scherbenhaufen."

Der Kater war traurig über soviel kranken Stolz? Die Einsicht, wann kam sie? Wollte sie nun leben oder sterben? Wer sollte es wissen, wenn nicht sie?

Wahrscheinlich hätten beide da noch 100 Jahre gestanden: Das kleine und doch große Mädchen vor ihrem nicht abgeben wollenden Scherbenhaufen - da wäre sie nie drauf gekommen - und der Kater, weil er auf Einsicht und Besserung hoffte.

Ja so waren beide zum inneren Sterben verurteilt. Doch da die Stimme des Engelchens, welches an der linken Seite des Mädchens schwebte und auf beide zusah: „Wie lange wollt ihr das da noch machen? Ja, es ist etwas bekanntes Euch so zu sehen, aber eines sehe ich genau, zwei Menschen, wie Bruder und Schwester verbunden, beide aufopferungsvoll vorm Scherbenhaufen. Der Eine mehr, der Andere weniger. Aber mit gehangen, mitgefangen."

Da sagte das Engelchen zum gestiefelten Kater: „Sag wozu hast du diese tollen Stiefel an, wenn du nur rum stehst? Sie sind zum laufen, gehen, rennen - ganz einfach zum bewegen sicheren Fußes genau dort bei dir. Lauf als ginge es um dein Leben. Geh und verlasse dieses Zimmer und vor der Türschwelle betrachte von außen noch einmal dieses gesamte Schauspiel. Mit Abstand geht alles besser. Und musst du eine schwierige Entscheidung treffen, denn dein Leben hast du nun schon mit Abstand gesichert. Wenn du ihres sichern möchtest das sie die Chance hat es, ihr Leben, wieder zu erkennen und zu leben sei mutig und hole hinterm heißen Ofen Schaufel und Kehrblech. Du kannst es ihr überlassen mit diesen helfenden Dingen ihre eigenen Scherben aufzufegen und in den entsprechenden Müll, nämlich Glasmüll zu entsorgen. Du kannst auch wieder und wieder hoffen das sie es allein tut oder mit dir gemeinsam. Auf Besserung hoffen bist du ja gewohnt und über Jahrzehnte ausdauernd zu warten. Wie lange willst du warten?

Es ist deine Zeit, deine Lebenszeit. Bei aller Fürsorge und helfender aufopferungsvoller Hand merkst du, dass du nur mit ihrer Rettung, angeblich verpflichtenden Rettung, beschäftigt bist? Wo ist dein Leben geblieben? Wann hast du das letzte Mal die Sonne, welche auch für dich Herzenskind draußen scheint gesehen und gespürt? Wann nur? Durchdenke mein Angebot an dein Leben: Nimm selbst Schaufel und Kehrblech in die Hand, gehe damit aus dem Zimmer zum Hof oder Keller und entsorge dort zunächst sicher die Scherben, ihre Scherben - vielleicht ja auch deine, keiner weiß es genau!

Wie du siehst bist du schneller raus aus diesem Zimmer, aus der Wohnung, weil du nun weißt, du hast das getan, was du tun musstest: Die Scherben, die die Frau in dieser Starre hielten, ihr weg zu nehmen und zu entsorgen. So, nun sieh, gehe vor die Haustür und die Sonne scheint in vollster Wärme in dein Herz mit der Gewissheit, getan zu haben was du tun musstest. Du weißt nun was Leben retten heißt, denn du weißt nun auch das es um dein Leben ging und geht. Und wenn du es wagst, ein paar Schritte noch zu gehen, die Straße, der Weg sie halten dich und die Sonne gibt dir Kraft und Rückenhalt. Dann schau nach oben zu ihrem Fenster und du spürst, wie sie hinter den nun Licht durchfluteten etwas hochgezogenen Rollos herunter schaut. Sie sieht dich dort stehen, aber vor allem sieht sie die Sonne wieder".

Plötzlich zog der Kater die Stiefel aus und sprach in Lobeshymne zu sich selbst: „Ich ziehe die Stiefel aus. Mein Vermächtnis ist erfüllt, mein Rennen und Irren hat nun ein Ende. Ich geh nun in die weite Welt hinaus wie ‚Hans im Glück' mit Sonnenhut und Wanderstab. Mein Weg ist bestimmt, der Sonne entgegen".

Da flüsterte das Engelchen: „Viel Glück auf Deiner Reise. Du bist ein wahrer Prachtkerl und Held, denn jeden Tag wird diese Frau das Rollo ein Stück höher schieben, auch um Deine Stiefel zu sehen. Wenn sie eines Tages zu ihnen geht, sie an sich nimmt, weil sie ein Teil von Dir und somit auch ihrem Weg waren, geht und ist sie dann ohne es vorher zu bemerken, selbst auf der Straße, auf dem Weg, ihrem nun neu beginnenden Weg, denn auch sie ist nun im hellsten Sonnenschein, im Tageslicht. Auf der Bank neben sich kann sie nun ausruhen, sich sicher umschauen und sich entscheiden, ob sie nun, wo sie selbst dort angekommen ist und der Kater ihr dazu verholfen hat, ihren Weg frei wählt und geht mit oder ohne diese Stiefel. Vielleicht gibt sie ihnen einen Ehrenplatz, denn diese Stiefel halfen ihr zu ihrer eigenen inneren und äußeren Freiheit zu kommen.

Vielleicht zunächst von Wut, Ärger und Groll getränkt dieser Abschied. Aber, wenn auch sie ehrlich zu sich selbst, weiß sie selbst das all dies auch ein Teil von ihr ist und zu ihrem ganzen bisherigen Leben gehört.

Sie selbst muss nun die ihrige Verantwortung tragen für ihr eigenes Leben. Verantwortung und Eigenverantwortung sind gefragt und hier überlebensnotwendig, denn alles können nicht andere tun".

Bist du bereit für Neues,
für einen Neuanfang?

Hebe nicht mehr all den Müll am Wegesrand auf. Gut es zu tun, aber tust du es ständig bist du nur mit Müll von Anderen und deren Entsorgung beschäftigt. So lernen sie es nie. Hau auf den Putz, auf den Tisch statt unter ihnen zu kriechen vor Angst und schlechtem Gewissen.

Solange du, wie ein kleiner ängstlicher Hund unter dem Tisch sitzt, solange wird man - egal wer - versuchen, dich da vorzulocken und zu dressieren. Sei mutig und fasse dich an dein so treues und liebes Hundeherz. Geh unter dem Tisch hervor, denn du bist so hübsch kuschelig weich, eben plüschig wie zum Kuscheln gemacht.

Die kleine Hundedame in deiner Nähe - du weißt schon wer - sie wird es zu schätzen wissen, wenn du auf sie zu kommst, ihr entgegen kommst und schau nur, welch strahlend weißes Fell sie hat und rosa Schleifchen. Wie süß, du ein kleiner schwarzer Plüschiger, frech und drollig an zu sehen und sie eine kleine adrette Feine, wie süß. Macht ein süßes Pärchen ihr zwei. Habt Beide sehr viel Liebe im Herzen, hopst und springt vor Freude. Sieh nur, wie ihre braunen Augen klappern vor Herzhüpfen, wenn du nur schon vor ihr stehst, und fühlst dich pudelig wohl neben ihr, schon dafür eben, der Eine an ihrer

Seite sein zu dürfen. Schaut davor ein kleines Hundeschloss für Euch, einfach, aber hübsch und edel für Euch zwei. Über eurer Eingangstür ‚Freiheit'- das ist gut. Hört sich friedlich an. Wie gut werden es eure Welpen bei euch haben. Sie genießen die Freiheit, ihr zu Hause wie ihr, kommen und gehen ohne Ärger und gegenseitiges Beißen bis das Blut spritzt. Hier herrscht Frieden. Alle anderen müssen ausziehen oder haben hier kein Einlass!

Wer die Hundeschule für Benehmen und Einhalten der Regeln und Hausordnung nicht einhält, hat schlechte Karten. Platzverbot vorprogrammiert!

Allen anderen geht es gut, eben einfach prima. Und nun wo alles geklärt ist, seht - euer Haus, eure traute Zweisamkeit eingehüllt in ein offenes hellrosa Herz für Licht, Liebe, Herzlichkeit, Freiheit, füreinander Dasein in guten und nicht ganz so guten Tagen, eben bei Regen und bei Sonnenschein.

Die Liebe scheint immer in euren Herzen!

16

Wie spürt man Liebe?

Die Fische im Wasser sie geben Dir eine klare Antwort. Sie, die Geschöpfe der Natur mit der reinsten Seele auf Erden und dem Wissen, der Weisheit und Erfahrung aus dem Leben, hier und jetzt und zuvor.

Ein Fisch schwimmt im Wasser, traurig, einsam ohne Ziel, er wartet. Er wartet auf Nachwuchs. Denn seine Frau, seine Fischfrau trägt die Liebe unter ihrem Herzen. Die Liebe und Verbindung ihrer beider Herzen, ihrer beider Seelen. Sie wird ein Sternchen, ihr gemeinsames Sternchen zur Welt bringen, das was Beide im Leben trägt- ihre unendliche Sehnsucht und Liebe füreinander zu verbinden. Der Fisch ist aber traurig, denn seine Frau trägt so etwas Kostbares in sich und er weiß, ihr Umfeld, der Teich in dem sie schwimmen, ist nicht so gut für sie. Das Wasser vom Teich ist unklar, schmutzig, dreckig ja zum teil so grün, dass sie sich und ihre Artgenossen kaum sehen können.

Wenn er könnte, wie er wollte würde er ihr den schönsten Froschteich zugestehen. Dort bei den quakenden Fröschen, den seltenen Seerosen im Teich, den umher schwimmenden und springenden Forellen.

Ja wie kam es nur das das Wasser so beschmutzt war? Kein Sauerstoff, kein Ablauf? Sagt was ist hier los? Wieso kümmert sich niemand um den Teich? Warum lässt man uns irren in den Wirren?

Fischfrau und Fischmann wissen sie gehören zusammen, wie der Wind und das Meer, wie das Blatt zur Blume, wie der Engel zum Himmel, der Froschkönig zur Prinzessin, wie der kleine Junge zum kleinen Mädchen, wie der reife Mann zur weisen Frau. Denn auch sie haben ihr Herz am richtigen Fleck und wissen es zu benutzen, zum Leben, für die Liebe, in ihnen und überall.

Seht nur den Junge und das Mädchen, den Mann und die Frau. Sie stehen am Teich und sehen den Fischen zu und meinen: „Haltet durch, haltet ein. Wir wollen euch helfen, denn ihr seid ein Teil von uns, von unserer Seele. So glitzernd zart schimmernd, leicht beschwingt durchs Wasser schwimmend, Gefahren erkennend und abwendend".

Der kleine Junge hatte ein Eimerchen mit frischem Quellwasser und tat den Fischmann hinein. Das kleine Mädchen hatte eine weiße Schale und tat die Fischfrau hinein. Beide meinten: Wir schützen euch und euer Leben. Dieser Übergang ist nur für kurze Zeit. Heute Abend genießt ihr schon gemeinsame Stunden in eurem neuen Heim. Der Mann pumpte das schmutzige und schon leicht stinkig riechende Wasser aus, schrubbte das Becken und befreite es von alten Algen und kleinen Schlammresten. Danach füllte er das Becken, in dem nun ein wunderschöner plätschernder Brunnen und Bachlauf zu Hause waren. Er bepflanze liebevoll das Ufer, welches er mit der Frau, seiner Frau, seinem Engel an seiner Seite gemeinsam zuvor aussuchte. Seine Frau ließ Glaskugeln, durchsichtig scheinend, auf die Wasseroberfläche und zündete schwimmende Kerzen an. Er gab dem Brunnen das Leben, sie das Flair. Beide zusammen gestalteten den Brunnen lebensfähig und das überaus schön. Es entstand eine Oase der Liebe, der Ruhe, der Zweisamkeit und Liebe.

Als das Wasser gegen Abend wohltemperiert war kamen der Junge und das Mädchen dazu, welche zuvor mit den Fischen spielten, sprachen und auf sie achteten, als wäre es ihr Eigen. Alle vier standen nun vor dem ehrwürdigen Augenblick: Fischfrau und Fischmann wurden zu Wasser gelassen in ihr neues Zuhause. Sie drehten und wendeten sich, dass das ganze neue frische Wasser sie säuberte, einhüllte und wieder belebte. Und sie dankten allen vieren für die liebevolle Unterstützung und Begleitung in ihr neues Leben. Und da es schon etwas dunkel wurde und alle so froh und glücklich erhielten die Kinder eine bunte Fackel, der Junge mit Mondgesicht und das Mädchen mit Sonnengesicht. Die Eltern machten mit ihren Kindern um den Teich herum einen kleinen Fackelumzug. Die Fackeln leuchteten im Dunkel der Nacht bis hoch zu den Sternen und seht schaut nur da: Ein kleines helles Sternchen winkt aus der Ferne zu ihnen herunter. Seht, es ist das Sternchen, welches die Fischfrau einst unter ihrem Herzen trug. Der Stern, geschaffen um zu leuchten und Liebe durch das gesamte Universum strahlen zu lassen. Die Augen der Kinder leuchteten. Sie haben schon so viele Sterne gesehen. Aber keiner war so hell, so leuchtend und winkte ihnen, ihnen beiden Auserwählten zu. Die Kinder trugen von nun an voller Stolz das Licht des Sternchens in ihrem Herzen und überall wo sie hingingen, wo sie waren, hatten sie ihr Sternchen dabei.

Mann und Frau liebten sich wie nie zuvor, denn es war auch ihr Sternchen, ihr Eigenes, ihr Drittes. Sie lebten und liebten sich als Mann und Frau und lebten die Liebe als Eltern zu sich und ihren Kindern.

So wurde aus dem Teich, in dem die Fische kaum überleben konnten ein Paradies für Alle: Fischmann mit Frau, Frau mit Mann und den Kindern, ihrem kleinen Jungen und Mädchen und ihrem Sternchen.

Allen ging es dort in ihrem selbst erschaffenen Paradies gut. Einem jeden durfte es gut gehen ohne zu fragen warum. Es ist wie es ist.

So wie die schönsten Rosen in dem den Teich umgebenen Garten Eden ihren Duft verströmen, so ist die neue Oase, dieser wunderschöne Teich im Garten Eden ein Zeichen der Liebe und Gottes Fügung und Segen.

Was ist Reichtum?

Diese Antwort, ja dazu spricht der Froschkönig, denn er muss es ja wissen! Er ist grün wie die Hoffnung und seine Augen lassen Treue und Zuversicht glänzen. Seine goldene Krone spiegelt sein Sein. Froschkönig sprich, was ist Reichtum?

„Ja frag mich ich weiß es. Schaut mich doch nur an. Hier wo ich meine Hände falte und zum Himmel bete ist der Reichtum meines Herzens. Schaut meine goldene Krone an, sie ist der Reichtum meiner Seele. Beides gehört zu mir und ist nicht zu verkaufen. Ja glaubt ihr denn wirklich der Froschkönig sei käuflich? Nein, bin ich denn ein Brot vom Supermarkt? Nein! Also meine Krone und mein Herz gebe ich nicht her. Ob ihr es glaubt oder nicht, es gab Zeiten in meinem so dahin hüpfenden Froschleben, da wusste ich doch selbst nicht einmal, dass ich Herz und Krone habe. Aber ich erzähl es euch, wie ich dazu kam, zu dieser Einsicht kam:

Ich ging tagein tagaus in die Fabrik arbeiten, fragte mich manchmal, was ich da tue, macht es Sinn, macht es Spaß, ist es wirklich mehr als Geld verdienen? So vergingen die Jahre und alles war eben so wie es war bei mir wohl wie bei Anderen. Aber wie es so ist, ändern Menschen sich auch mit ihrem Umfeld. Hättet ihr gedacht in solch einer Fabrik mal einen Engel zu treffen? Nein? Na ich auch nicht. Sah ihn sofort und traute meinen Augen, meinen Kullerbraunen fast alles sehenden braunen Froschaugen nicht. Es war keine Fata Morgana. Es war ein Engel. Ganz farbig, mal pink, mal weiß, mal lila, mal türkis, aber egal im Kern blieb sie ein Engel. Wunderte mich, dass sie mich wahrnahm, anschaute, aber auch irgendwie über mich hinweg sah. Oder sah es nur so aus? Sah sie vielleicht durch mich hindurch oder sogar hinein? Egal was es war, eines stand fest, sie wusste mehr und vor allem Anderes als alle Anderen umher irrenden, wirrenden und wohl arbeitenden Geschöpfe in dieser Fabrik.

Eines Tages muss ich wohl ganz blöd vor ihr gestanden haben oder es war wieder mal der Augenblick in meinem Froschleben, das ich wollte und nicht konnte. Da zweifelte ich schon wieder selbst, bin ich nun Frosch oder Marionette. So fühlte ich mich nämlich manchmal. So, als ob ich wie eine Marionette am Faden hänge und somit auch von irgendwoher an meinem Kopf gesteuert werde. Obwohl mein Kopf sonst super funktionierte, ich war ein guter Denker. In der Froschschule war Nachdenken mein Lieblingsfach. Ins Wasser zu springen, war nicht eines meiner begehrtesten Fächer. Hab so manches Mal in der Froschschule nachsitzen müssen. Nein, nein, nicht was ihr denkt. Ich war und bin nicht dumm, nein, im Gegenteil, ein pfiffiges Fröschlein, meinte aber, dass sich all die Drähte, die ich so mühselig zusammen bastelte, nicht mit dem Wasser vertragen würden. Kurzschlusspanik!

Ja wäre da solch ein Engelchen schon mein Lehrer, besser meine Lehrerin gewesen, dann wäre ich bestimmt von ihr auserkoren worden für die ‚Schule für hochbegabte Frösche'. Ich bin sicher, sie hätte schon damals was aus mir gemacht. Aber wie gesagt, meine Froschschule hatte eine andere Laufbahn für mich vorgesehen, meine Froscheltern auch - hatten mit sich und ihren Problemen zu tun. Außerdem sollte ich Froscharbeiter werden und Geld verdienen. Ging ja alles ganz gut auf längere Sicht, wenn da nicht eines Tages das Engelchen in diese unsrige Fabrik gekommen wäre. Also wie gesagt, stand sie vor mir, flatterte heftig mit ihren Engelsflügeln das mir nur so der Wind um die Ohren flog. Meine Froschaugen wurden vor Staunen größer. Ich dachte, so unscheinbar und still ist sie ja gar nicht. Da wo sie Wind macht, da bewegt sich was, die Anderen können gar nicht anders. Oh ich fühl mich wie hypnotisiert, oh meine Augen."

Dusel dusel dusel, da lag der Frosch auf dem Rücken am Boden, in Gedanken auf einer grünen Wiese mit diesem doch so zauberhaften Engelchen. Eine Decke schützte sie vor der Kühle des Bodens und zeichnete zugleich ihr beider Reich damit. Der Frosch träumte und dachte er fährt mit dem Engelchen im Fahrstuhl bis in den siebenten Himmel. Er war ja hin und weg, ein Engel, er sieht einen Engel, aber diesen Engel anzufassen traute er sich nicht, nein sonst würde sein Traum vielleicht zerplatzen wie eine Seifenblase. Er genoss schon ihren wundersamen Anblick, ihr Funkeln in den Augen, ihr strahlendes Gesicht und ihr Lachen von Herzen.

Oh ja, ihr Lachen vom Herzen. Herz, Herz, Herz was ist das? Wo ist Meines? Habe ich da eine Lektion oder mehrere in der Froschschule verpasst? Habe ich es als Wahlfach abgelehnt und nicht gewählt? Oh Gott, naja, dann aber ab zur Abendschule, nach Feierabend. Ich kann euch sagen, hab ich gebüffelt, um mithalten zu können, nach Feierabend, in den Pausen, in allen möglichen und erdenklichen Freiräumen. Ich machte meine Hausaufgaben meist zur vollsten Zufriedenheit meiner neuen Lehrerin. Ich tat es für mich, aber auch weil ich sie sehr verehrte und ich ihr schon gefallen wollte. Ich mochte sie doch so. Ich hatte mich in das Engelchen verliebt. Aber darf man das? Darf ich das, der Frosch? Wer sagt nun ja oder nein? Ja wer nun?

Eines Tages fragte ich auf Umwegen natürlich das Engelchen. Ich druckste umher und wusste nicht so recht wie, und ehe ich mich versah bekam ich ruck zuck, klar und direkt die Antwort: „Frosch, alles wozu Dein Herz ja sagt darfst, kannst und musst Du letztlich tun für Dein eigenes Froschleben und Deine Froschehre. Sagt Dein Herz nein, dann lass es und frag warum, um in Deinem Leben weiter zu kommen." Der Frosch guckte nachdenklich, vielleicht auch etwas zweifelhaft, weil ihm diese Lektion zunächst vorkam, als wäre er schon beim Studium angelangt.

Da sagte das doch so weise Engelchen: „Natürlich bist du im Studium und das ein ganzes Leben lang. Du studierst Dein Leben, Dein Lebenswerk ohne Schein aber mit hohem Wissen und der Kunst es zu meistern."

Naja, jetzt wusste ich auch warum es mal leichter und mal schwieriger war und dann kam der große Zeitpunkt der Prüfung. Die Zeit mit meiner Engelslehrerin neigte sich dem Ende zu, aber nur als Schüler, denn ich bestand meine Aufgabe, welche ich zunächst lösen musste und zwar zu erkennen wo ich hin gehöre, wo mein Platz im wahren Leben ist und worin wahrer Reichtum besteht.

Bei der Lösung des ersten Teils meiner Prüfungsaufgabe dachte ich einfach an mein Engelchen und setzte alles in Worte und Taten um was ich sonst mir so alles erträumte. Also war der erste Teil der Prüfung bestanden - mündlich. Aber dadurch, dass ich ja eine besondere Schule mit einer ganz besonderen besonders liebenswerten Lehrerin hatte musste ich noch Teil zwei mit Glanz und Bravour schaffen, nur wie das war die große Frage. Irgendwie kam ich ins stocken. Da sah mich ein wohlwollender - dem Engelchen sehr ähnlich scheinender - Mann aus der Prüfungskommission an und meinte: „Frosch was ist Dir am meisten Wert? Erkläre mir Deinen Reichtum?" Und er sah mich ebenfalls durchdringend an wie zuvor einmal das Engelchen. Es war als würde mir jemand kraftvoll auf den Rücken klopfen und sagen: „Mensch, alter Frosch, schau in den Spiegel! Was siehst Du da, na Dich, die Antwort!"

Der Frosch hustete vor Schreck zwei, dreimal, holte tief Luft und legte los. Zauberte aus seinem Antlitz einen ausdrucksstarken, hinterlassenen Eindruck bei der Jury mit der Bestnote: Auserkoren als der Froschkönig mit gold glänzender Krone, viel, viel Herz und regem weisen Verstand.

Er konnte es kaum glauben. Er hatte nicht nur die Prüfung seiner eigenen Froschschule bestanden,

sondern war auch zugleich auf Grund seiner Bega-
bung und seines arrangiert seins, auserkoren ein be-
sonderer Frosch, nämlich der König unter den Frö-
schen zu sein. Aufgabe und Verpflichtung zugleich,
aber voller Stolz lehrte er von nun an kleinen, jun-
gen Fröschen das so kostbare Froschleben. Und seht
nur. Er ist als Lehrer und Begleiter genau so beliebt,
wie einst und heute noch das Engelchen als Lehre-
rin.

Die Schule hat hochachtungsvolle, herzliche Leh-
rer und die Lehrer aufmerksame, lernwillige Schüler
und die Schüler gehen gern zur Schule, lernen wiss-
begierig bei ihren Lehrern und haben zudem noch
viel Spaß und Freude und alle gehören zusammen
wie Mutter, Vater und Kinder.

Was hält uns am Leben in der größten
Verzweiflung?

Ja, was ist es? Die Hoffnung? Ist es der Glaube? Müssen wir erst im Inneren spüren was es heißt an dem Ort zu sein, wo sich Fuchs und Hase gute Nacht sagen? Einen Ort der für beide nicht förderlich ist. Der Hase hat die Angst vorm Fuchs, obwohl auch er schlau und raffiniert sein kann, wie der Fuchs selbst. Worum geht es bei den Beiden? Um sich gegenseitig etwas vorzumachen, sich auszutricksen, sich so gut wie möglich aus der Affäre zu ziehen? Oder geht es um mehr? Kann der schlaue Fuchs ehrlich, ehrlich zu sich selbst sein oder denkt er nur darüber nach wie er gewinnen kann, um zumindest so dazu stehen? Hat er nicht genau soviel Angst wie der kleine Hase selbst, der kleine Hase vor ihm? Großes wird ihnen gemeinsam nicht gelingen. Dafür sind sie Fuchs und Hase, zwei gejagte Tiere, im Fabelleben zu Hause. Wieso nur gebt ihr euer gegenseitiges Nebeneinander aushalten müssen nicht auf? Ihr seid Beide nicht so recht handlungsfähig, weil ihr aus Angst nur darauf achtet, der Andere könnte etwas tun, was euer Leben schädigt.

Fuchs geh du in deinen Bau, zu deiner ebenso pfiffigen schlauen Fuchsdame und deinen auf dich sehnsüchtig wartenden, quirligen, quicklebendigen Fuchskindern! Dort bist du in deinem Revier. Dort geht's dir gut und du hast eine Aufgabe auf die du stolz sein kannst: Du beschützt sehr liebevoll und mit Stolz deine kleinen Füchslein, kehrst sie dann zu Tisch, wenn Mama Fuchs euer Lieblingsessen euch serviert und schon der Duft dich fast umwerfen lässt. Sie dankt es dir, ihre täglich anfallende Hausarbeit in Frieden zu erledigen, während du dich um die Kinder kümmerst und mit ihnen im Sonnenlicht auf der Wiese vorm Haus umher tollst. Ja du bist ein stolzer Vater und Freund. Dein Stolz und deine Liebe strahlen aus deinem Herzen heraus und du bist überaus glücklich. Du, der einst kämpfende Fuchs bist ein Schmeichler geworden, ganz sanft und treu und fromm, fast heilig.

Du hast schon vergessen den Hasen zu jagen. Würdest ihm nun freundlich „Hallo" sagen und einen guten Weg wünschen. Denn du weißt, auch er hat ein Leben, ein Familienleben verdient und die Zuwendung derer.

Als der Fuchs dies einsah und sein eigenes Verhalten bemerkte, wurde er traurig und hatte eine Träne am linken Auge. Ach, wie oft hatte er ihn gejagt. Aber es war doch immer so, dass Füchse Hasen jagen. Woher sollte er es anders wissen - es war so in der ganzen Welt egal an welchem Ort.

Der Hase dagegen war traurig. Er war allein und saß am Wegesrand und weinte und weinte. Wieso mag mich keiner? Wieso bin ich allein? Weit und breit keine Menschenseele. Er fühlte sich schwach und hilflos. Egal was er tat. Er verrenkte sich den Hals, drehte sich fast selbst den Arm um, tat alles Mögliche. Auch noch als eine Menschentraube um ihn herumstand und ihn nichts verstehend umschloss machte er weiter und weiter. Er zappelte hin und her und hampelte ohne still zu stehen. Er hatte nur damit zu tun sich in Bewegung zu halten. Er bemerkte überhaupt nicht all die Leute, welche still neben ihn zunächst standen und ihn nicht verstanden. Als ein junger Mann in der Mitte plötzlich schrie: „Hey, bleib endlich stehen! Was soll das? Du machst uns alle noch verrückt, ja mit verrückt."

Da sah der Hase auf und sagte: „Wer seid ihr und was wollt ihr hier? Dies ist mein Platz." Und plötzlich verstanden sie alle gar nichts mehr. Erst war er allein und traurig, dann waren alle da und er merkte es nicht einmal. Als er aus seinen Wirren durch die härteren, bestimmenden, selbstsicheren und wütenden Worte des Jungen aus der Mitte aufmerksam wurde, war er auch noch beleidigt, und wie.

Alle anderen sahen sich fragend und staunend an und fassten sich an den Kopf, denn jetzt verstanden sie die Welt gar nicht mehr. Was will er denn der Hase, wer ist er denn? Weiß er womöglich selbst nicht mehr wer er ist?

Da kam eine ältere Dame, sie hätte die Oma des Jungen sein können. Malte um ihn herum im Durchmesser einen 3-4 Meter großen Kreis. Der junge Hase wurde ruhiger und stiller, eben wacher. Er sah seine Grenzen, seinen eigenen Raum. Dieses Gefühl war herrlich für ihn. Er hatte nun einen eigenen, schönen, friedlichen Platz. Er setzte sich in den Sand und malte mit den Fingern im Zuckersand Figuren und Buchstaben: (Sonne, Mama, X, Papa? Ich, …) Wer sind sie? Die Punkte sprachen: „Wir sind Hoffnung, Zuversicht und Fehlersuche - eben fehl geschlagene Suche". War diese Suche der Knackpunkt? War er der Kern des ganzen Dilemmas? Auf der Suche nach etwas was fehlt? Geschlagen von wem zu was?

Suche, auf der Suche sein, auf der ewigen Suche nach dem Sein! Was ist sein und was ist mein?

Wo sind die Güte, das Lachen und die
Fröhlichkeit geblieben?

Ja, fröhlich sein und lachen so wie es Kinder oft so unbeschwert tun, von Herzen lachen, ja sogar lachen bis die Tränen kullern, aber hier vor Freude. Lachen bis der Bauch weh tut, aber nicht vor Schmerz, sondern von dem herzlichen, überaus lustigen Lachen heraus. Wer lacht und das täglich, lebt halt einfach länger. Lachen hält jung, macht froh, befreit, nimmt Kummer und Sorgen, lässt diesen kleiner, viel viel kleiner werden.

Ach Fröschlein, wieso hast du grad deine goldene Krone vom Kopf unter dem Arm?

Ach wisst ihr manchmal glaube ich, immer wenn ich hüpfe und fröhlich bin rutscht sie mir herunter, weil ich mich doch so süß freuen kann. Dann hab ich auch so ein komisches Gefühl. Es ist als gerade dann, wenn es mir gut geht und ich lustig und fröhlich bin und mich auch sau wohl fühle mir jemand, wie eine gierige und neidische Elster meine Krone so mir nichts dir nichts vom Kopf ganz frech ‚klauen' könnte.

Da ich aber weiß, dass meine Krone nur für mich ist und mir das flatterige Engelchen mit dem so lieb und süß hüpfendem Herz sie mir geschenkt hat ist mir meine Krone doch so wichtig.

Ja die Geschichte mit der Krone war eigentlich ganz einfach und doch anders. Direkt die Krone selbst war nicht das Geschenk des Engelchens. Die Krone hatte ich mein Leben lang. Mal war sie zu sehen, wie hier und jetzt, mal war wie sie unsichtbar und doch da und mir ganz nah. Eben so wie das Engelchen selbst. Aber im Laufe der Jahre meines ehrwürdigen, pflichtbewussten und liebevollen Lebens für andere nahm ich die Krone selbst gar nicht mehr so wahr. Der Glanz wo war er hin. Naja, konnte ja nicht ständig mich nur mit meiner Krone beschäftigen, sonst wären Andere womöglich nur noch sauer und beleidigt.

Als ich eines Tages auf der Wiese beim Spielplatz mit der bunten großen Spielplatzeisenbahn mich von den strapaziösen, arbeitsreichen Stunden in der Fabrik und meines doch recht allzu stressigen Froschalltages ausruhen und erholen wollte saß da eine gute süße Fee, wie das Engelchen, aber noch schöner.

Sie schaute in den Himmel hinauf zu den Flugzeugen und dachte an die Menschen und Frösche, welche in die Ferne flogen um bei sich selbst anzukommen.

Sie bewunderte diese, schätzte und ehrte sie und trotzdem überkam sie die Angst, ob wohl alles gut gehen würde. Aus ihrem Herzen stiegen kleine Liebeswölkchen auf, sie trugen ihre Liebe und Sehnsucht bis in den Himmel zum Flugzeug mit dem Fröschlein.

Als dieser von seiner weiten Reise heimkehrte und vor Erschöpfung gerade noch die Bank auf dem Spielplatz erreichte wurde es ihm ganz schwummerig vor Augen und er schlackerte am ganzen Körper. Oh Fröschlein, du hübsches grünes Zuckersüßes was ist nur los mit dir? Hattest du dich mit deiner Reise doch etwas übernommen? Ging dir Kraft und Puste aus mein Lieber?

Ja, wie gesagt die Krone hatte ich schon immer, aber die gute Fee, das Engelchen hat mich wieder dran erinnert das ich sie habe. Ja das ist das Geschenk des Engelchens. Mit ihrer Liebe und Weisheit brachte sie mich ins Leben zurück, zeigte mir auf was Arbeit und Anstrengung ist und was es aus uns macht, wenn es uns überfordert. Das Maß aller Dinge ist entscheidend. Auch, wenn du ein noch so guter und ausdauernder Schwimmer bist solltest du nicht versuchen den Ozean zu überqueren. Nimm einen kleinen ruhigen für dich überschaubaren See. Wenn dir mal nicht so ist gehe am dir auch so bekannten Ufer entlang, in Ruhe und bei Sonnenschein. Bei Regen nehme einfach deinen lila bunten Schirm und auch dann kommst du gut und sicheren

Fußes an, wo du ankommen möchtest - ans andere Ufer. Und das Schöne du weißt ja wie und das Beides geht, du kommst auch wieder sicher zurück!

Betrachte diesen See, dein Schwimmen, dein zu Fuß gehen oder sogar die erst beschwerliche, aber immer leichter werdende Reise mit dem Rad auf.

Betrachte den See und dein Vorwärtskommen wie ein Kreislauf. Ob rechts oder links herum oder gerade aus, eines ist gewiss, du kommst immer an! Den Weg den du selbst täglich neu wählen kannst liegt vor dir, du musst dich nur entscheiden. Egal wie du dich entscheidest, es ist richtig, denn du triffst deine Entscheidung mit Herz und Verstand und weißt sehr wohl was du tust.

Am Ufer des Sees steht ein Schild in weiß mit schwarzer Schrift und lila Schleife am Pfahl mit der Aufschrift: Regeln. Du selbst solltest sie gewissenhaft lesen und befolgen. So wird es zumindest erwartet. Erwartungen sind immer da und nicht Jeder kann sich vorstellen sie immer erfüllen zu müssen. Denn schau, wo steht das Datum auf diesem Schild. Es sieht neu aus, aber ist es das auch? Bei guter Pflege wäre dieses Schild sicherlich schon Jahre alt. Kein Wunder hat ein kleines durchsichtiges Dach auf dem Kopf. So war das alte und doch neue Schild geschützt und der Inhalt und Wert dieses Schildes auch. Aber wer liest es? Weit und breit keine Menschenseele. Es ist als müsste es erst Nacht werden und die Menschen treffen und finden sich, sie verhandeln, sie verhandeln. Sie stehen um dieses Schild und diskutieren. Verhandeln sie neu?

Es ist als würden sie alle Tiere des Waldes dort versammeln um ihre eigene Vereinbarung für ihr gemeinsames Leben dort aushandeln. Allmählich sind sie erschöpft und brauchen Ruhe, läuten ihren gemeinsamen Friedensgesang ein und es ist als ist schon die Dämmerung zu sehen, die den neuen Tag, das neue Leben einläutet. Noch völlig unsicher, was der neue Tag und alles danach bringen wird. Aber er wird anders werden, ruhiger und friedlicher.

Alle Tiere des Waldes müssen nach dem Beratschlagen nun ihren Platz finden, vielleicht einen neuen Platz an und um diesen See herum. Ein Jeder ist nun gefragt in wieweit er seinen neuen Platz einnehmen möchte und wie er ihn für sich und alle gestaltet.

Die eigene Seele von Zwängen und Schuld
befreien

Feste, wie Hochzeiten und Geburtstage, sind sie Feste der Freude oder auch der Beginn von Trauer, dem Gefühl von Armseeligkeit und wieder verlassen werden?

Im Wald des Vergessens und wieder Erlebens finden wir die Antwort.

Der weise Uhu und Vater des Waldes sieht in Dunkelheit bei Nacht die Wahrheit und verkündet diese bei Anbruch des Tages: Wenn ihr Böses und Trauriges vergessen wollt kommt in den Wald. Hier wohnen und leben über Jahrhunderte weise, starke und kräftige Bäume. Ihr Wurzelwerk reicht tief und breit ins nahrhafte Erdreich.

Die Sonne mit ihrer starken Kraft scheint von den Baumgipfeln hindurch bis zum kleinsten Grashalm. Dort auf dem Boden des Waldes atme tief die Frische des Waldes ein. Die Bäume geben Frische und Leben zugleich ab. Mit jedem Atemzug atmest du Leben ein, säuberst dich von Unrat und Resten der Vergangenheit, vergangener Tage und Jahre.

Der weise Uhu führt dich zu einem Baum an dem fröhlich keck ein Kuckuck sein Lied singt, ein hübscher bunter Specht das Lied in die Rindes des Baumes hämmert, frisch, fröhlich und beschwingt. Ein Jeder auf seine Weise die Liebe in sich tragend.

Ein kleiner Junge steht fröhlich vor diesem für ihn kleinen Wunderwerk: Der singende Kuckuck und der arbeitende fröhliche Specht. Beide sind emsig dabei ihr Tageswerk zu tun fast ohne Pause und ohne Ruh. Da rief der Junge: „Hey ihr fröhlichen Gesellen was macht ihr da?"

Der Kuckuck sagte: „Bitte nicht stören wir arbeiten, sonst schaffen wir unser Pensum nicht!" Der Specht sagte: „Wenn ich Pause mache schwächt meine Kraft, jeder Neuanfang wird schwerer und schwerer."

Da wurde der kleine Junge traurig und sagte zum Uhu: „Uhu, du weiser Uhu kannst du ihnen nicht helfen? Ein jeder Mensch hört und genießt das Kuckuckslied und das Klopfen des Buntspechtes. Ein Jeder kann sich daran erfreuen. Sie bringen Liebe und Frohsinn in die Herzen der Menschen, ja vor allem zu uns Kindern. Es ist wunderschön sie anzusehen, so lieb, so schön. Aber wann machen sie Pause. Ein Jeder, sogar ich der Kleine, kann erahnen und sehen wie erschöpft sie bald sein werden, wenn sie nicht ihre Kräfte einteilen und schauen wie sie ihr Leben noch genießen können, außer mit ihrer Arbeit, die ihnen durchaus viel Freude macht und Frohsinn bringt."

Der Uhu schlug seine Augen auf, umarmte mit seinen Flügeln den kleinen Jungen und setzte sich zu ihm: „Ja ich weiß, du bist noch klein, aber schon sehr weise. Du hast erkannt was sie nicht sehen können. Ihre Eltern lernten ihnen so zu sein, wie sie sind, arbeitsame, hilfreiche und gebende Tiere, von Vielen gemocht. Aber auch ihre Eltern lernten es von ihren Eltern und diese von den Ihrigen. So lief es über Generationen, über lange lange Zeit. Die Zeit wurde geprägt von den vielen Eltern und Menschen. Sie schafften so ihr Umfeld, arbeiten um existieren und leben zu können. Für mehr reichte es oftmals nicht und so lernten sie auch nicht zu arbeiten für andere Dinge, die schönen, ruhigen und erholsamen Dinge und Tage. So kam es das sie wenig pausierten. Größere Auszeiten entstanden meist nur zwanghaft, aus Erschöpfung heraus und mit der schmerzenden Erkenntnis und Einsicht: Sind wir jetzt noch gut wo wir nichts mehr schaffen? Nichts mehr schaffen, wo doch alle Tiere des Waldes und die Menschen, ihre Besucher, sich erfreuten? Dürfen wir aufhören zu tun, dürfen wir auch wir sein, abschalten, auftanken und mit neuer Kraft an das neue Werk gehen ohne diese große Kraftanstrengung und Verausgabung?“

Dann sagte der weise Uhu: „Im Namen des Gesetzes und als Vorsteher des Waldes gebe ich Euch frei, an Euch selbst. Seid frei und lebt. Ich spreche Euch frei von Schuld und Schuldversprechungen all Euren Vorfahren gegenüber. Ihr lebt in einer anderen Zeit, eurer Zeit, hier und jetzt. Alles Recht und Unrecht soll und muss nun ein Ende haben! Ich der weise Uhu habe gesprochen und versiegele mein Wort in der aktuellsten Urkunde des Waldgerichtes. Unser Schatzmeister wird sie hüten wie all die kostbaren Schätze hier im Wald: Leben, Liebe, Geben und Nehmen, Frische, Freiheit, Temperament eines Jeden schätzen und achten, Regeln einhalten und ab und zu neu ordnen!"

Der kleine Junge staunte über die weisen Worte des Uhus und war sichtlich erleichtert, denn nicht nur der Kuckkuck und Specht waren gerettet, sondern alle Tiere des Waldes die sich bereits während der Rede des Uhus auf dem Platz vor ihm versammelten und Specht und Kuckuck dankten für diese neue Gesetzeslage, welche alle betraf.

Der kleine Junge freute und freute sich, machte große Luftsprünge und fing vor Freude an zu tanzen und alle tanzten mit und feierten ein Fest - das Erlösungsfest und so wurde aus dem Gefühl des Verlassenwerdens ein Gefühl der Zusammengehörigkeit und Freude.

Jetzt wisst ihr, was sie mit Hochzeiten und Geburtstagen gemeinsam haben und diese Tage Kostbarkeiten im Leben der Menschen sind und als diese geschätzt und geehrt werden sollten.

Zur Besiegelung des neuen Waldgesetzes gab der Uhu das Signal zum Höhenfeuerwerk anlässlich der Zusammengehörigkeit und Freude und Liebe von Specht und Kuckuck.

Der erlöste Kristall –
willkommen im neuen Leben!

Kristall der Liebe, der Glückseeligkeit. Kristall des Feuers mit dem ewigen Licht.

Einst verschollen und versunken an tiefster Stelle am Meeresboden, gekränkt, gedemütigt und voller Hass und Trauer.

Kristall, konntest du leben, dort in der Tiefe? Was tatest du alles in dieser so dunklen Welt, in der Tiefe des Meeres? Dies war dir zuvor bekannt als schimmernder, weitreichender Blick über den gesamten Ozean. Die Weite, die Ferne, das Blinken und Funkeln, das Rauschen der Wellen – all das war einst dein Zuhause – dein Selbst.

Wie kam es? Was ist passiert? Wie bist du einst auf dieses alte, längst verrottete Holzboot, welches letztlich unter ging, gekommen. Hattest es nicht bemerkt, dass es schon fast unterging, als du es betreten hattest. Das Boot hielt durch, wie auch du, du glitzerndes schönes Etwas – so glitzernd, wie das Meer selbst. Zum Untergang verurteilt löste sich Brett für Brett, und das Boot selbst löste sich auf. Und du, du glitzernder Kristall, verlorst deine Farben, deine Facetten, dein Strahlen. Dein Licht glitt in Windeseile durch die Tiefe des Meeres bis zum Meeresboden. Bis zu dem Punkt, wo es für dich nicht tiefer gehen konnte. Still und stumm, zum

Schweigen verurteilt durch Trauer und Schock. Tage und Nächte sind vergangen. Du konntest sie vor Schwäche nicht mehr zählen. Tage und Nächte sind vergangen, und dein Schlaf war unendlich und du allein.

Plötzlich von weitem zu hören, ein unbeschreibliches Geräusch. Es war der Delphin, ein kleiner Delphin. Er schwamm mit rasender Geschwindigkeit siegessicher und zielorientiert auf diese ruhigste, stillste, fast tote Stelle im Meer zu. Er wünschte sich so sehr in die Tiefe des Meeres abzutauchen. Doch plötzlich schlug sein Herz schneller und schneller. Er verspürte Ängste, andererseits Wohlwollen, spürte Schuldgefühle, andererseits das unendliche Gefühl der Freiheit, seiner Freiheit – ihm sehr kostbar und heilig. Er wollte doch so gern in die Tiefe tauchen, tiefer und tiefer, bis zum Meeresboden um dort dem Kristall wieder den Hauch von Leben entgegenzubringen.

Aber dort, welch ein Wunder: Ein älterer und weiser Delphin. Der „Große" stupste liebevoll mit seiner Flosse den Kleinen an. Und beide, der große und der kleine Delphin, schauten sich in die Augen, spürten die allumfassende Liebe des Universums, und taten gemeinsam dass, wofür sie einst geboren wurden: Liebe zu spüren und diese weiterzutragen, an nichtsahnende und –wissende Hilfe suchende Gottesgeschöpfe. Noch einmal sahen sie gemeinsam zur strahlenden Sonne. Ihre Wärme, ihr strahlen, ihr Schutz begleitete beide bereits ihr Leben lang. Alle drei stärkten sich durch ihr Dasein, und so wurde ihr gemeinsames Licht so hell und strahlend, dass dieses Licht sogar den am Meeresboden wohnenden und tiefschlafenden Kristall traf. Die Delphine tauchten steil in die Tiefe hinab und umschwammen den Kristall. Dieser zeigte im Dunkeln am Meeresboden mehr und mehr Lichtstrahlen.

Als er wieder Kraft und Mut in sich spürte, seine Not besah, schaute er zu den Delphinen, welche ihn mit ihren sehnsüchtigen Augen ansahen und den Kristall liebevoll in die Mitte nahmen, und gemeinsam zur Oberfläche des Meeres emporstiegen. Kräftezehrend und anstrengend, aber hoch motiviert tauchten alle Drei an der glitzernde, von der Sonne gewärmten Meeresoberfläche auf. Und schaut nur da, von den Sonnenstrahlen herab ein Hauch, eine Hülle von etwas noch nie da gewesenem und ein Flimmern und Funkeln als dieses perlmutfarbene hauchdünne Etwas den Kristall berührte, küsste und segnete.

Es war etwas wunderbares geschehen und entstanden: Eine wunderschöne Elfe, ein Engel, das

Geschenk des Himmels mit dem für sie einst und schon vor langer langer Zeit auserkorenen Kristall und ihren jetzigen Begleitern, die Delphine, der Große und der Kleine.

Zusammen traten sie ihre gemeinsame Reise ins neue Land an. Begleitet von den Wellen und Wogen der Weltenmeere. Begleitet von der Sonne am Tage und dem Mond in der Nacht. Viele tausend Sterne am Himmel leuchten in der Nacht und geben ihnen ihr Licht und Begleitschutz.

Das hellste Sternchen leuchtet als ihr eigen, ihren Namen am Firmament: Familie!

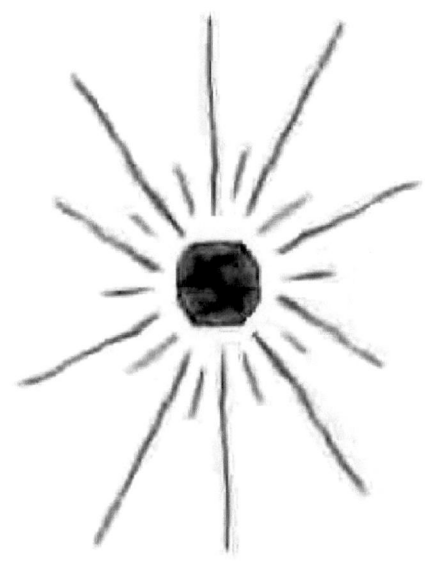

Schlussbemerkung

All jenen, die dieses Buch nun gelesen haben wünsche ich in allen Lebenslagen ihren entsprechenden Lichtblick, getragen von Liebe, Zuversicht, Verständnis und Wohlwollen.

Mein besonderes Dankeschön gilt all den Menschen und liebevollen Seelen, die mich seit meinem Dasein durch mein gesamtes Leben begleitet haben und mich auf die ihrige Art und Weise gefördert haben.

Dieses Buch konnte nur entstehen, durch den unwiderruflichen Glauben an mich selbst, das liebevolle Finden meines eigenen „Froschkönigs" und das Leben mit ihm, meine Liebe zu ihm und zu meinen Kindern, sowie der Glaube und die Liebe meiner Söhne, Robert und Tobias, an mich und zu mir.

Besonders Tobias – ‚Uecki' – ermutigte mich, es endlich zu tun: Mein Buch zu schreiben.

So schrieb ich es, umgeben von der Liebe eines Engels und der Treue und Aufrichtigkeit des hellsten und funkelnsten aller Sterne am Sternenhimmel.

Kerstin Spietenburg